Susan Gast

TAMITUZI
ENTDECKEN DIE WELT
Über den Wolken

ZAUBERHAFTE PÜPPCHEN
ZUM SELBERHÄKELN

CV

INHALT

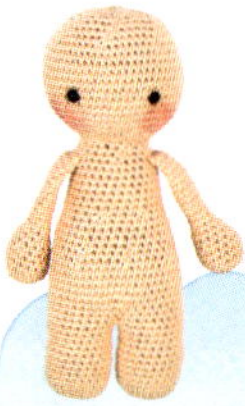

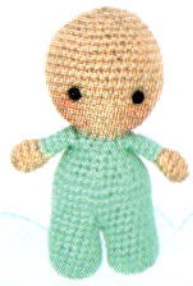

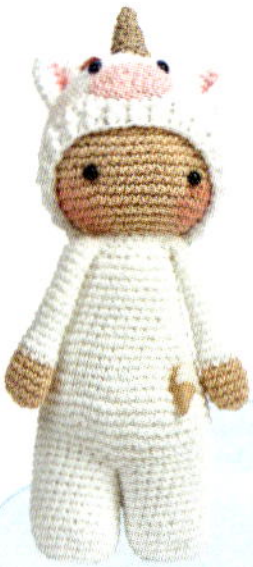

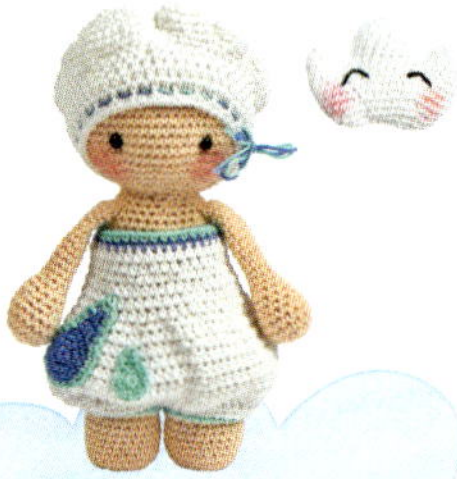

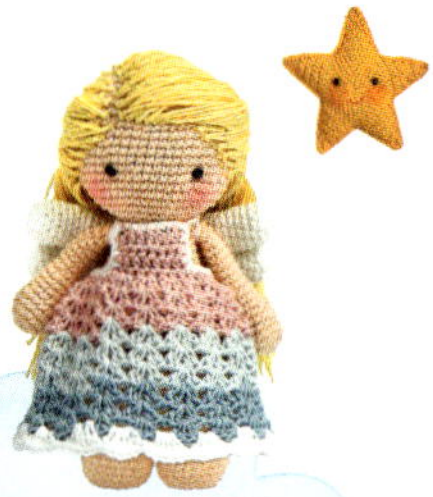

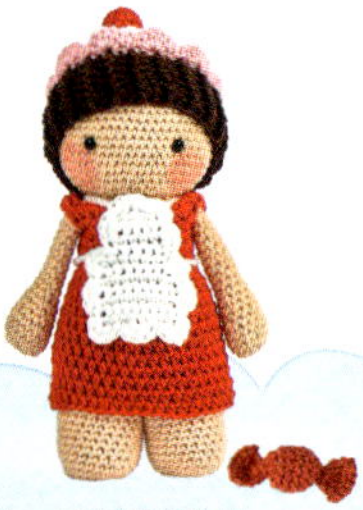

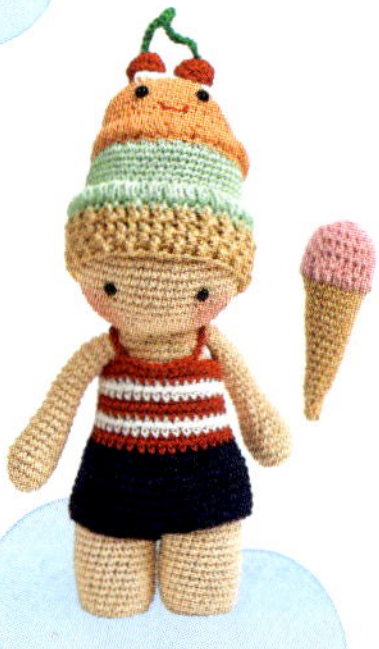

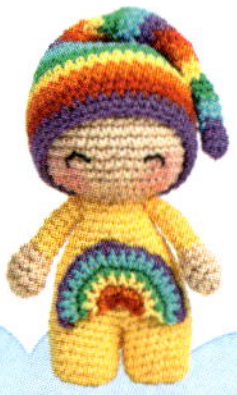

SIEH GENAU HIN!
SIE SIND ÜBERALL – DIE SÜSSEN TAMITUZI.

SIE LEBEN HINTER DER HECKE VOR DEINEM HAUS UND IN DER ALTEN KISTE IM KELLER, IN DIE DU SCHON SO LANGE NICHT HINEINGESEHEN HAST! SIE RÄUMEN NACHTS DIE BAUSTEINE WIEDER AUS, DIE AM ABEND ZUVOR SO ORDENTLICH VERSTAUT WURDEN – EIN BISSCHEN FRECH SIND SIE, ABER SIE HABEN DAS HERZ AUF DEM RECHTEN FLECK.

SO BUNT WIE UNSERE WELT SIND AUCH DIE TAMITUZI. ES GIBT EINES FÜR JEDES DING, JEDES GEFÜHL UND JEDES LEBEWESEN. DU KANNST IHNEN UNZÄHLIGE KOSTÜMCHEN UND VIEL ZUBEHÖR HÄKELN UND DAMIT IMMER WIEDER NEUE WELTEN UND CHARAKTERE ERSCHAFFEN.

ICH MÖCHTE DICH EINLADEN, KREATIV ZU WERDEN, DEINE EIGENE KLEINE TAMITUZI-FAMILIE ZU GESTALTEN UND MIT IHNEN WUNDERBARE ABENTEUER ZU ERLEBEN!

ICH WÜNSCHE DIR VIELE SCHÖNE HÄKELSTUNDEN UND VIEL FREUDE BEIM VORLESEN, VERSCHENKEN, SPIELEN, UMKLEIDEN, KUSCHELN UND LIEBHABEN.

Deine Susan

TAMITUZI-STORY

MIMITUZI UND DIE REISE ZU DEN STERNEN

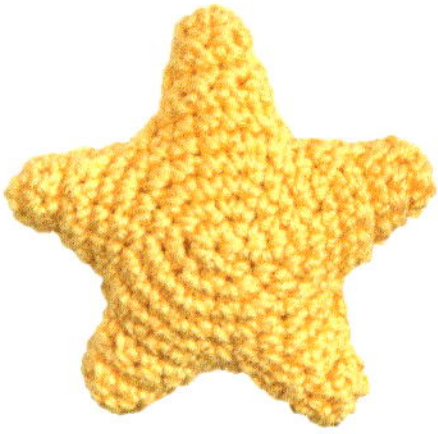

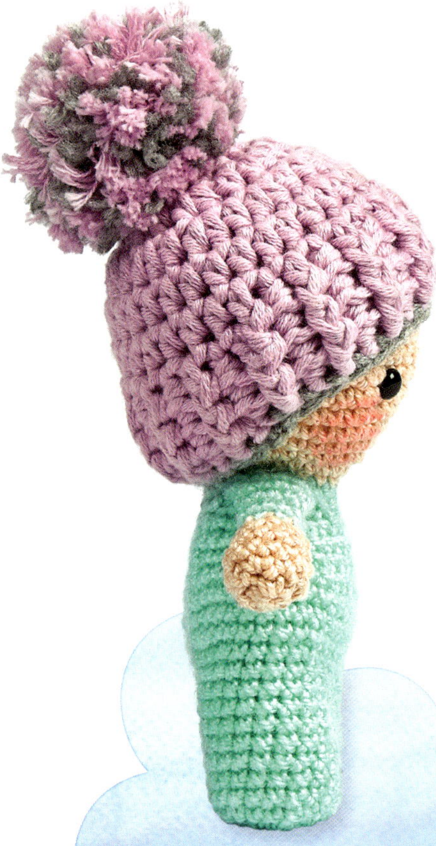

„WARUM SCHAUST DU DENN SO TRAURIG?", FRAGTE DAS EINHORN DAS MIMITUZI. „JEDES TAMITUZI HAT SEIN GEWISSES ETWAS, DAS ES EINZIGARTIG MACHT. DIE EINE SACHE, DIE ES AUF DER WELT AM ALLERMEISTEN LIEBT", ANTWORTETE DAS MIMITUZI. „ICH HABE NUR DIESE WOLLMÜTZE GEGEN DIE KÄLTE."

„ICH LIEBE MEINE WOLLMÜTZE", DACHTE DAS MIMITUZI, „ABER ES GIBT SO VIELE SCHÖNE DINGE, WIE SOLL ICH MICH DA ENTSCHEIDEN?"

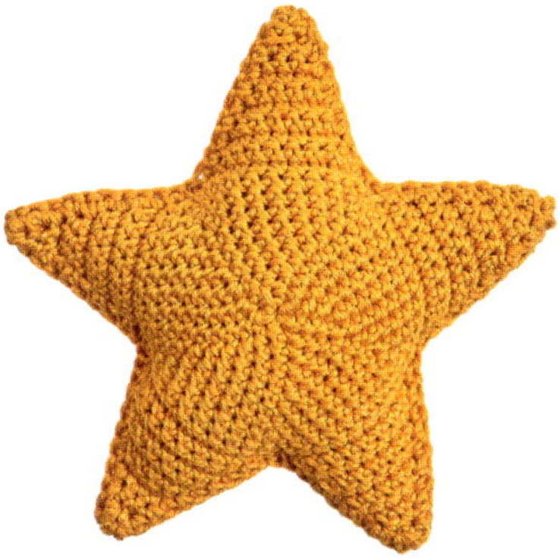

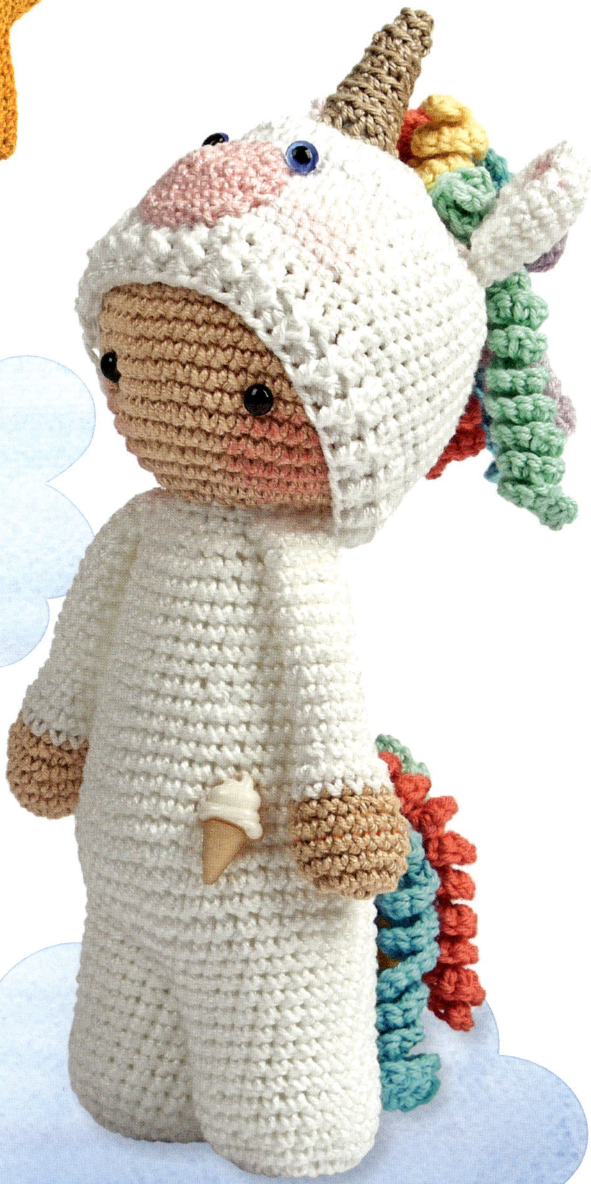

DAS EINHORN NAHM DAS MIMITUZI BEHUTSAM IN DEN ARM UND MEINTE: „WENN ES DIR SO WICHTIG IST, SOLLTEST DU NACH DEINEM GEWISSEN ETWAS SUCHEN! FRAG DOCH ELLI ENGELCHEN UND IHRE STERNE, DIE WISSEN IMMER EINEN RAT!“

SO BEGAB SICH DAS MIMITUZI AUF DIE REISE …

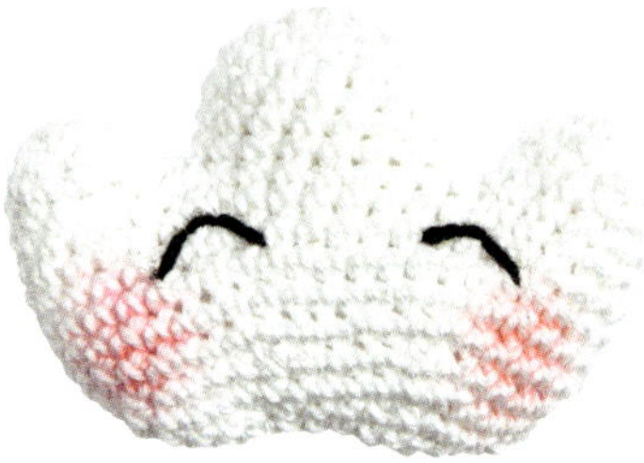

„HALLO WILLI WOLKE, WEISST DU, WAS MEIN GEWISSES ETWAS IST?" – „DAS IST DOCH EINFACH!", RIEF WILLI LAUT. „AM SCHÖNSTEN IST ES BEI REGEN, WENN DIE REGENWOLKEN AM HIMMEL TANZEN UND MAN IN PFÜTZEN SPRINGEN KANN! DESHALB MUSS MAN BAUSCHIGE WOLKEN EINFACH AM MEISTEN LIEBEN!"

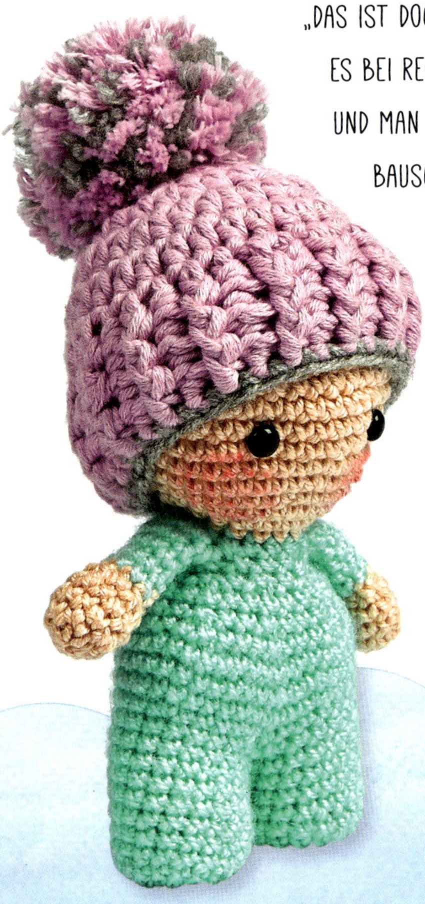

„ICH LIEBE BAUSCHIGE WOLKEN AUCH", DACHTE DAS MIMITUZI, „ABER ES GIBT SO VIELE SCHÖNE DINGE, WIE SOLL ICH MICH DA ENTSCHEIDEN?"

ALSO SUCHTE DAS MIMITUZI WEITER ...

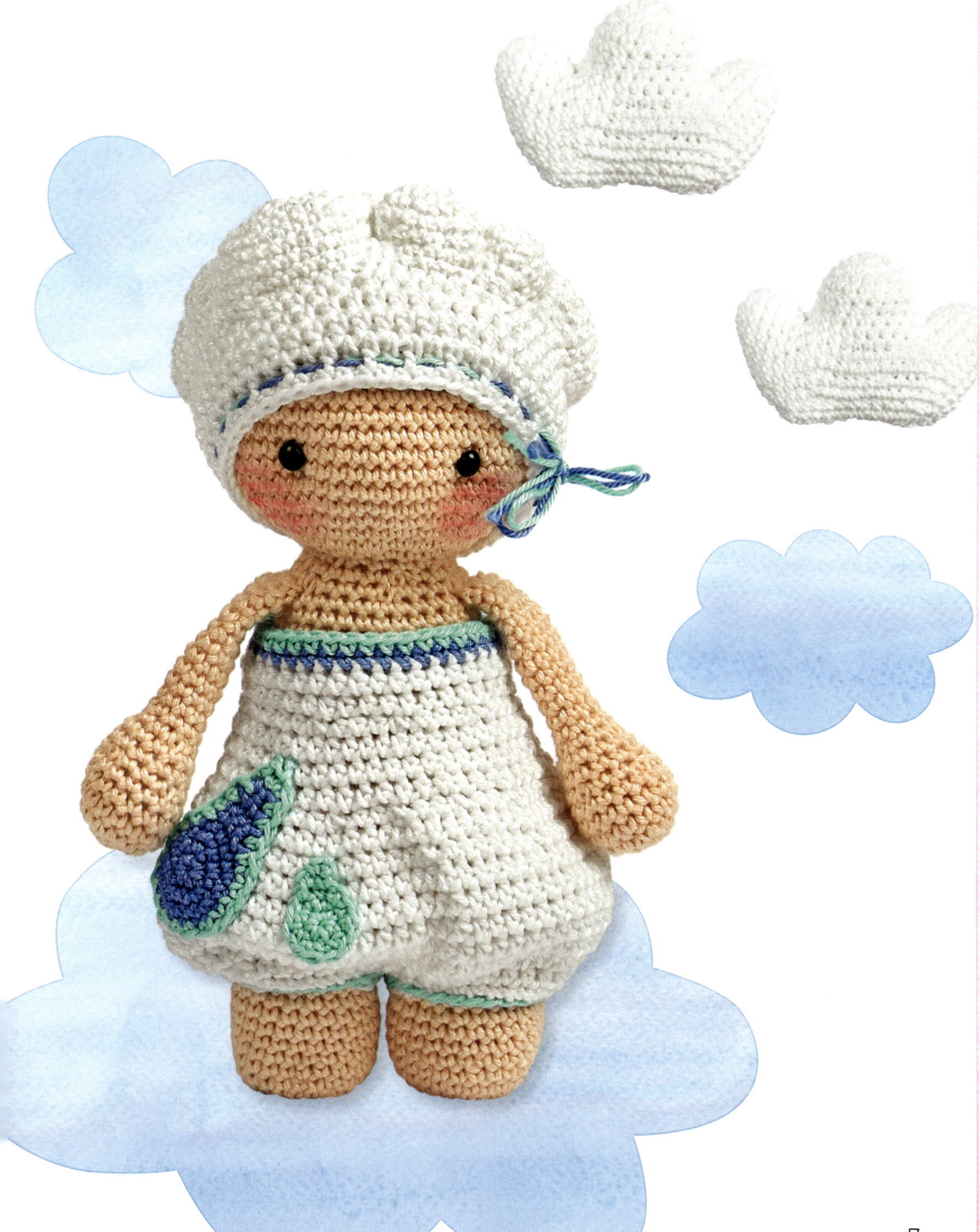

„HALLO MIMITUZI, WAS MACHST DU DENN HIER?", FRAGTE MERRY MUFFIN. „ICH SUCHE MEIN GEWISSES ETWAS!", ANTWORTETE DAS MIMITUZI. „GANZ EINFACH!", ERKLÄRTE MERRY. „LECKERE BONBONS AUS BUNTEM BONBONPAPIER ZU WICKELN, IST DAS BESTE AUF DER WELT! BUNTE BONBONS MUSS MAN EINFACH AM MEISTEN LIEBEN!"

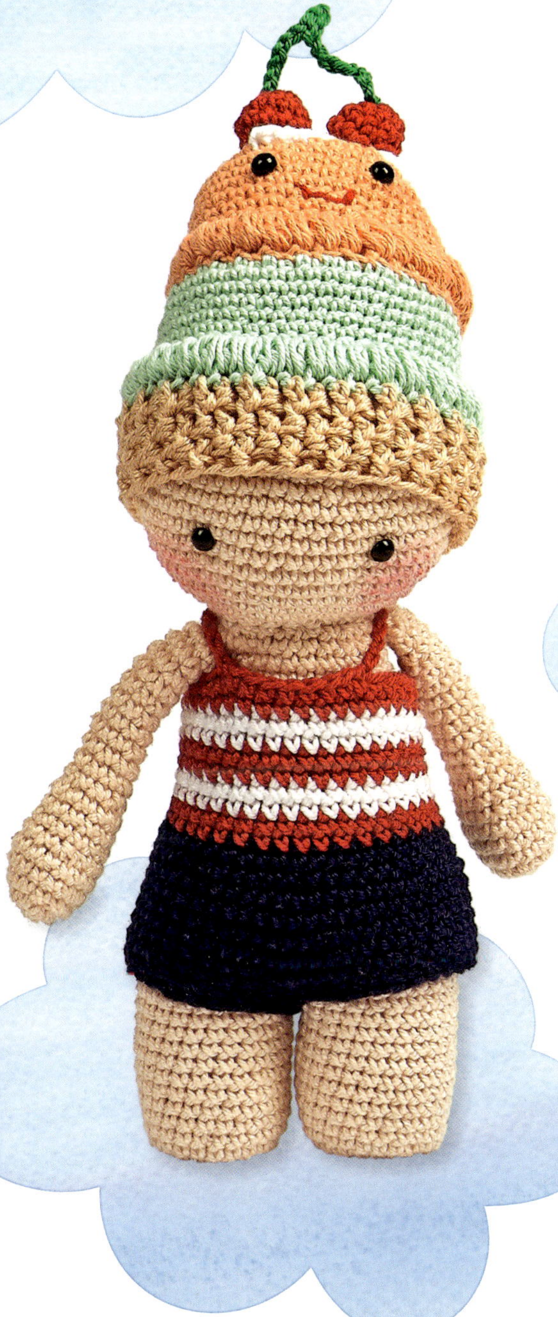

KAUM WOLLTE DAS MIMITUZI ANTWORTEN, MELDETE SICH ERIKA EISCREME ZU WORT: „QUATSCH! NICHTS GEHT ÜBER EINE LECKERE KUGEL EISCREME! DESHALB MUSS MAN EIS MIT KIRSCHGESCHMACK AM MEISTEN LIEBEN!"

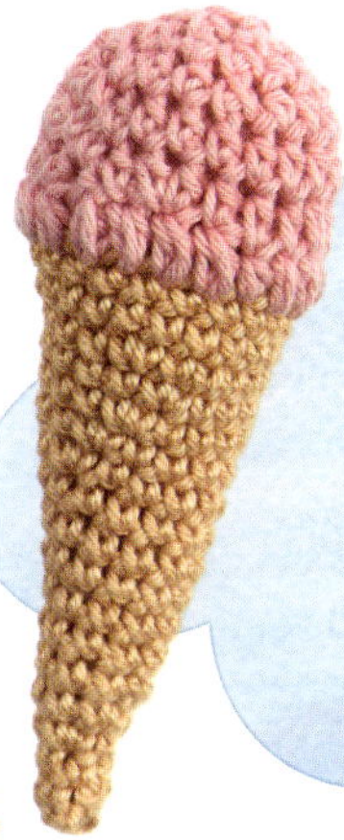

DAS MIMITUZI ÜBERLEGTE KURZ. ES ASS TATSÄCHLICH GERN BONBONS UND EIS. „ICH LIEBE BUNTE BONBONS UND EISCREME MIT KIRSCHGESCHMACK AUCH", DACHTE DAS MIMITUZI, „ABER ES GIBT SO VIELE SCHÖNE DINGE, WIE SOLL ICH MICH DA ENTSCHEIDEN?"

ALSO SUCHTE DAS MIMITUZI WEITER …

DER TAG NEIGTE SICH SCHON DEM ENDE ZU, ALS DAS MIMITUZI BEI ELLI ENGELCHEN UND IHREN FUNKELNDEN STERNEN ANKAM. „ICH BIN AUF DER SUCHE NACH MEINEM GEWISSEN ETWAS, KANNST DU MIR DABEI HELFEN?" – „PASS GUT AUF", ERKLÄRTE ELLI. „DAS GEWISSE ETWAS IST NICHTS, WAS MAN SUCHEN KANN, SONDERN ETWAS, DAS TIEF IN DIR IST." DAS MIMITUZI PROTESTIERTE: „ABER ICH LIEBE SO VIELES! ICH LIEBE WARME WOLLMÜTZEN, BAUSCHIGE WOLKEN, BUNTE BONBONS, EISCREME MIT KIRSCHGESCHMACK UND SO VIELE ANDERE DINGE, WIE SOLL ICH MICH DA ENTSCHEIDEN?"

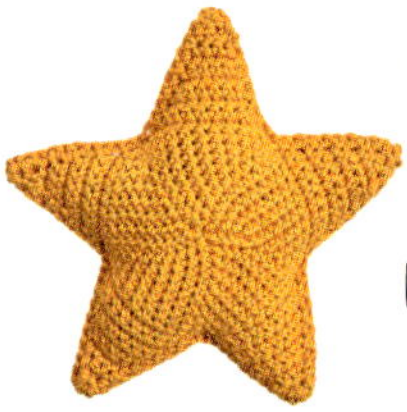

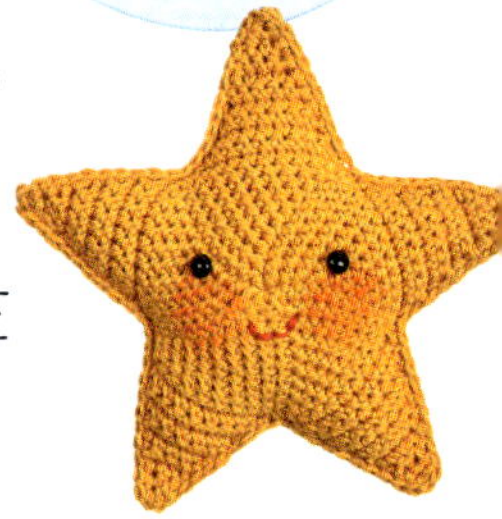

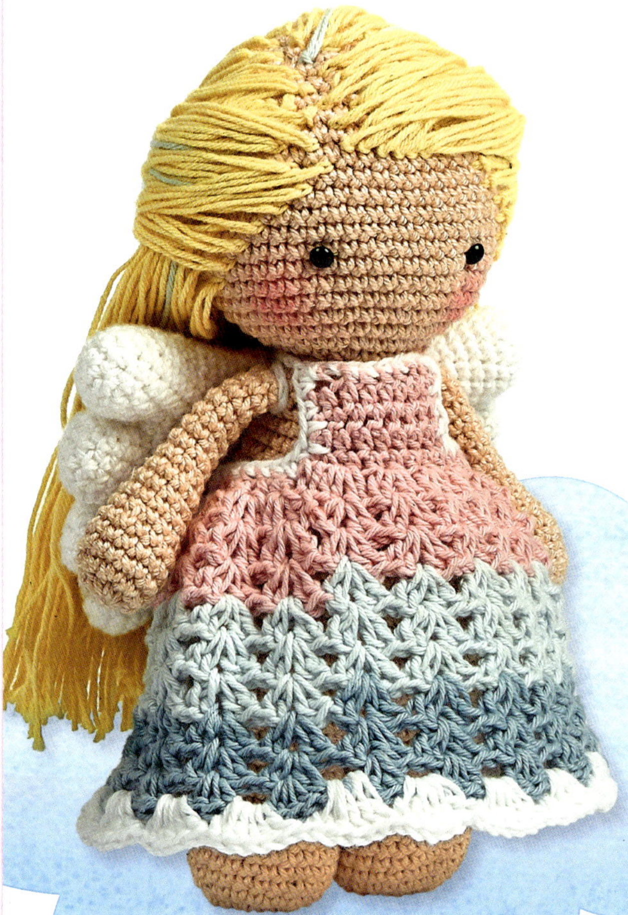

ELLI FUHR FORT: „GENAU DAS IST DEIN GEWISSES ETWAS."

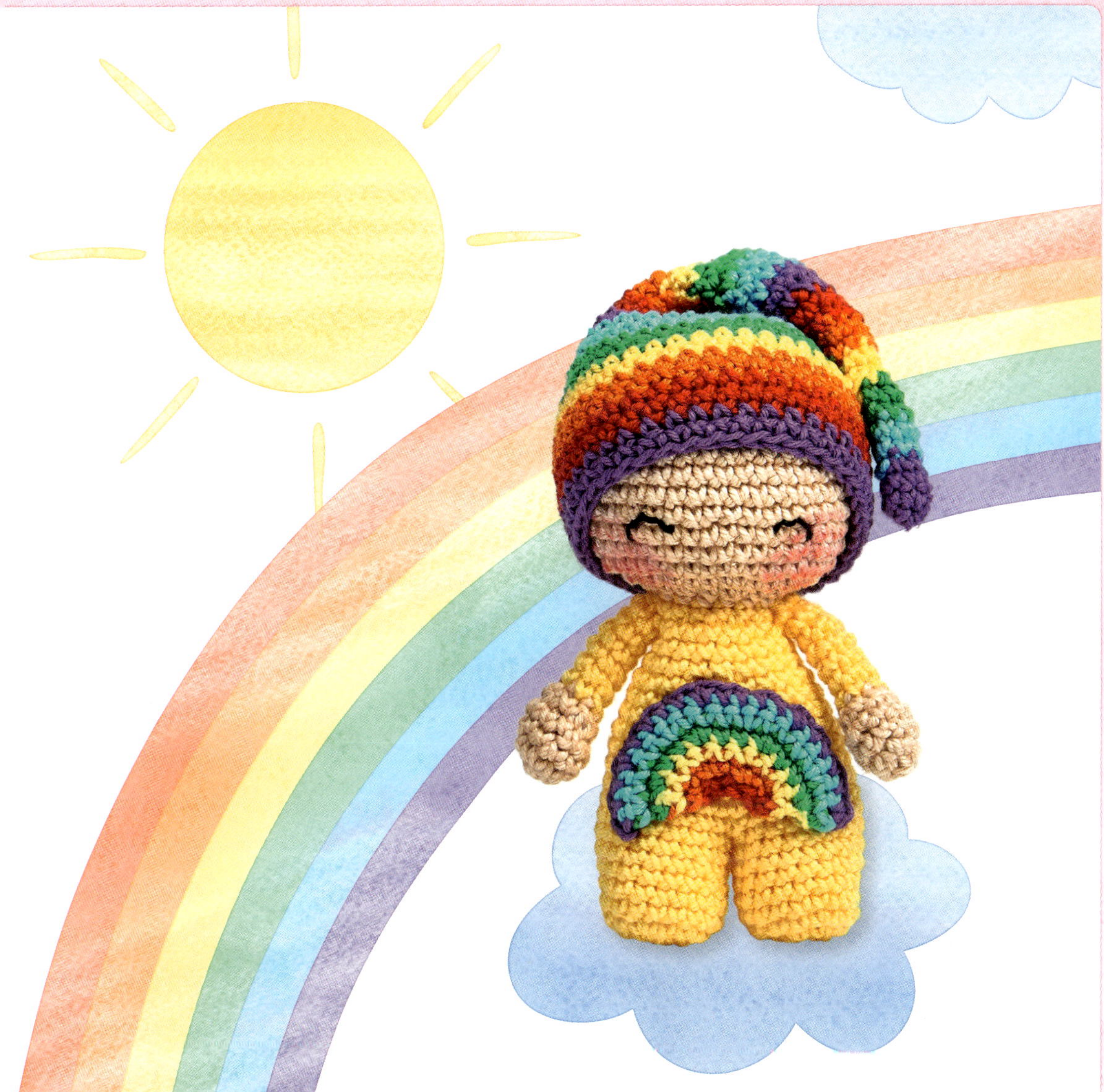

ELLI ENGELCHEN SCHOB DIE WOLKEN BEISEITE UND DIE SONNE
SCHENKTE DEM MIMITUZI DEN ALLERSCHÖNSTEN REGENBOGEN!
SO UNTERSCHIEDLICH WIE DIE FARBEN DES REGENBOGENS
WAREN AUCH DIE VIELEN DINGE, DIE DAS MIMITUZI LIEBTE.
DA WAR ES ALSO, SEIN GANZ EIGENES GEWISSES ETWAS.
UND ELLI HATTE RECHT: ES WAR IMMER SCHON DA GEWESEN.

TAMITUZI

GRÖSSE: CA. 20 CM HOCH

DAS TAMITUZI-BASISPÜPPCHEN BEKOMMT DURCH TOLLE KOSTÜME SEINEN EIGENEN CHARAKTER.

MATERIAL

FÜR EIN TAMITUZI

- Schachenmayr „Catania" (100 % Baumwolle, LL 125 m/50 g): 30 g Soft Apricot
- evtl. Maschenmarkierer
- Füllwatte
- 1 Paar Sicherheitsaugen in Schwarz, ø 5 mm
- Häkelnadel Nr. 3 oder 3,5 (Kostüm jeweils mit gleicher Nadelstärke häkeln)
- Wollnadel zum Vernähen
- Wangenrot oder Rouge

Zu Beginn werden die Arme gehäkelt und beiseitegelegt. Dann wird der Körper von unten nach oben gearbeitet. Dabei wird mit den Beinen begonnen, diese werden verbunden und der Rumpf direkt angeschlossen. Danach werden die Arme eingehäkelt und zuletzt entsteht der Kopf.
Es werden durchgehend fM in Spiral-Rd gehäkelt.

ARME (2X)

1. Rd: 8 fM in einen Fadenring häkeln.
2. Rd: Jede M verdoppeln (= 16 M).
3.–5. Rd: Ohne Zun häkeln.
6. Rd: Jede 3. M abn (= 12 M).
7. und 8. Rd: Ohne Abn häkeln.
9. Rd: Jede 3. M abn (= 9 M).
10.–20. Rd: Ohne Abn häkeln. Die letzte Rd mit 1 Km in die 1. M der Rd schließen. Den Faden abschneiden.
Die Arme mithilfe eines Stiftes ausstopfen. Dafür eine Kugel aus Füllwatte formen und diese bis in die „Hand" schieben, den Rest des Armes ungefüllt lassen, so bleibt dieser schön beweglich. Abb. 1

1

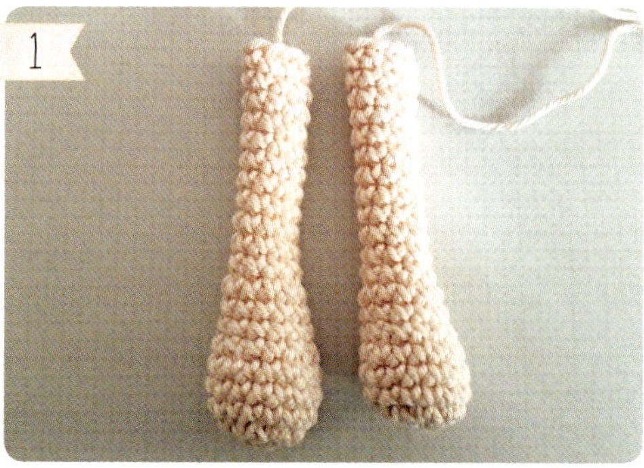

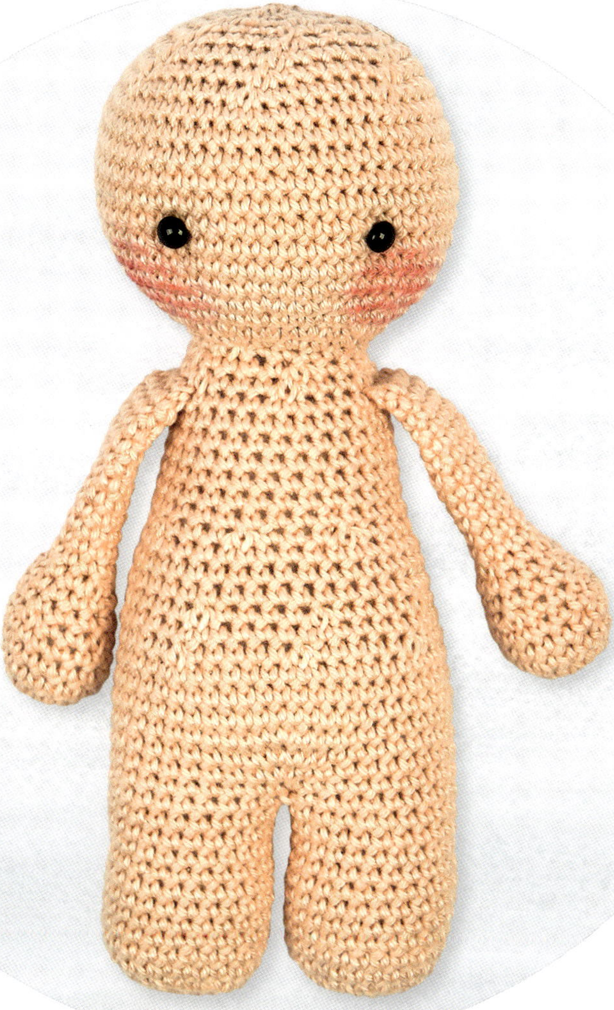

Tipp: Hier wird der Körper durchgehend in Hautfarbe (Soft Apricot) gehäkelt. Soll das Tamituzi keine separat gehäkelte Kleidung bekommen, kann der Körper auch farbig gehäkelt werden, damit die Puppe angezogen aussieht, wie beim Einhorn-Tamituzi Flöckchen beschrieben (siehe Seite 22).

KÖRPER: BEINE, RUMPF UND KOPF

BEINE (2X)

1. Rd: 8 fM in einen Fadenring häkeln.

2. Rd: Jede M verdoppeln (= 16 M).

3. Rd: Jede 2. M verdoppeln (= 24 M). Abb. 2

4.–14. Rd: Ohne Zun häkeln. Die letzte Rd mit 1 Km in die 1. M der Rd schließen. Den Faden abschneiden.

Beim zweiten Bein den Arbeitsfaden nicht abschneiden, damit wird an dieser Stelle jetzt weitergehäkelt. Abb. 3

Tipp: Mit einem M-Markierer oder einem Kontrastfaden den Rd-Anfang kennzeichnen.

Die Beine flach übereinanderlegen und die beiden Innenseiten mit 1 Km verbinden. Die Beine an dieser Innenkante mit 6 fM zusammenhäkeln. Abb. 4

RUMPF

15. Rd: Von dort, wo sich jetzt die Nd befindet, wird weiter 1 Rd außen um beide Beine herumgehäkelt. Häkel dabei jeweils in die Lücke zwischen den Beinen eine weitere fM (=38 M). Abb. 5 der Rd sind, müssen entsprechend mehr oder weniger M verdoppelt werden, um in der 18. Rd auf insgesamt 50 M zu kommen.) Abb. 5

16. Rd: Jeweils auf der Vorder- und Rückseite im Zwickelbereich 2 M verdoppeln (= 42 M).

17. Rd: Jeweils auf der Vorder- und Rück-

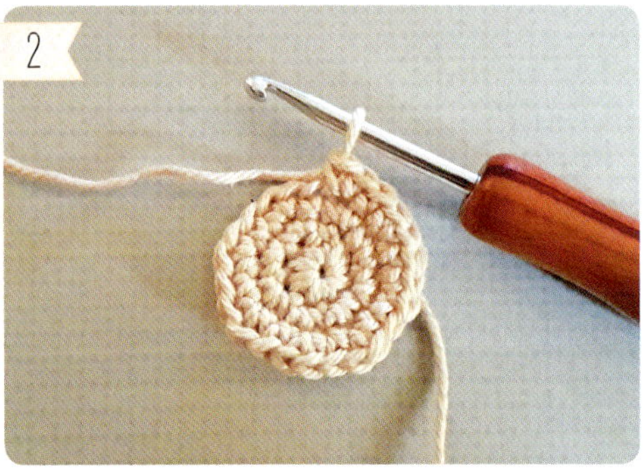

2

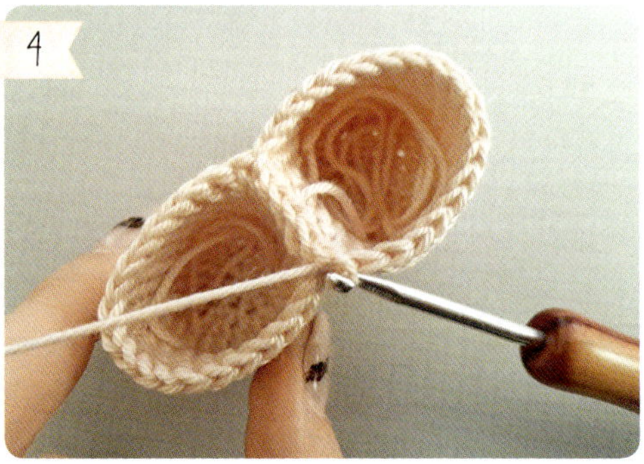

4

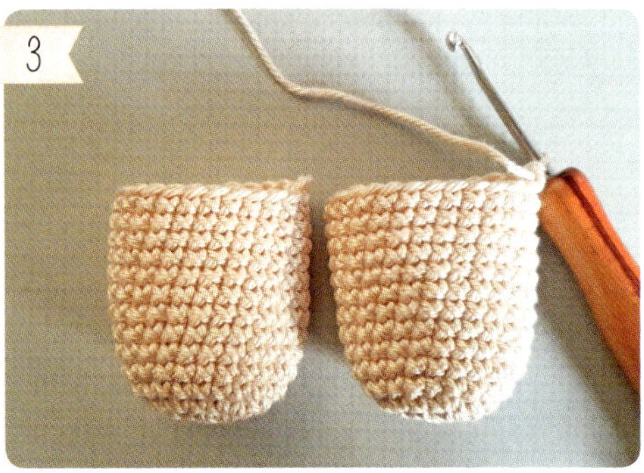

3

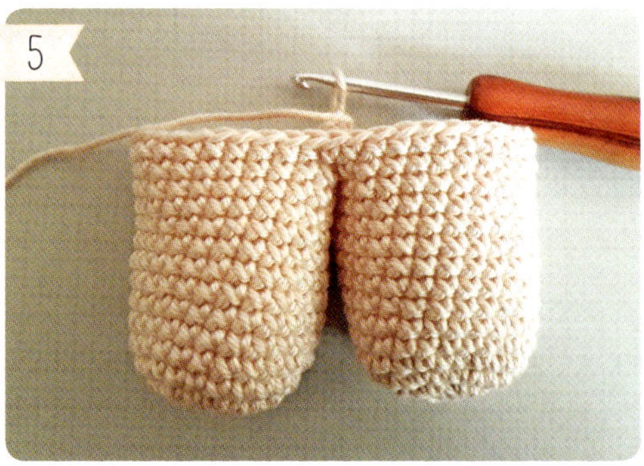

5

seite im Schritt direkt nebeneinander 2 M verdoppeln (= 46 M).

18. Rd: Jeweils auf der Vorder- und Rückseite im Schritt direkt nebeneinander 2 M verdoppeln (= 50 M).

19.–21. Rd: Ohne Zun häkeln. Abb. 6

22. Rd: Jede 6. M abn (= 44 M).

23. Rd: Ohne Abn häkeln.

24. Rd: Jede 5. M abn (= 36 M).

25.–27. Rd: Ohne Abn häkeln.

28. Rd: Jede 4. M abn (= 29 M).

29.–34. Rd: Ohne Abn häkeln.

Nun werden die Arme eingehäkelt:

35. Rd: Von der Mitte (Rd-Anfang) aus 5 fM häkeln. Abb. 7

An dieser Stelle den Arm flach an der Seite anlegen und den Arbeitsfaden durch eine M des Körpers und eine M des Arms holen. Den Arm mit 4 fM anhäkeln. Abb. 8

Auf der Rückseite 11 fM bis zur anderen Seite des Körpers häkeln und den zweiten Arm auf die gleiche Weise anhäkeln, dann 5 fM bis zum Rd-Ende häkeln. Zwischen den Armen befinden sich bei mir nun auf der Vorderseite 11 M und auf der Rückseite 10 M (= 29 M). Abb. 9

6

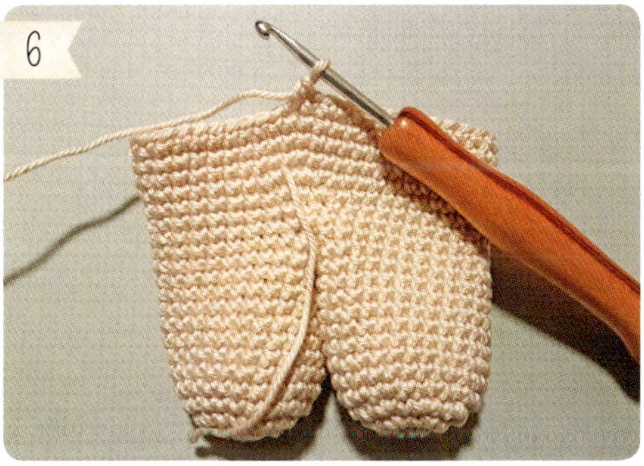

8

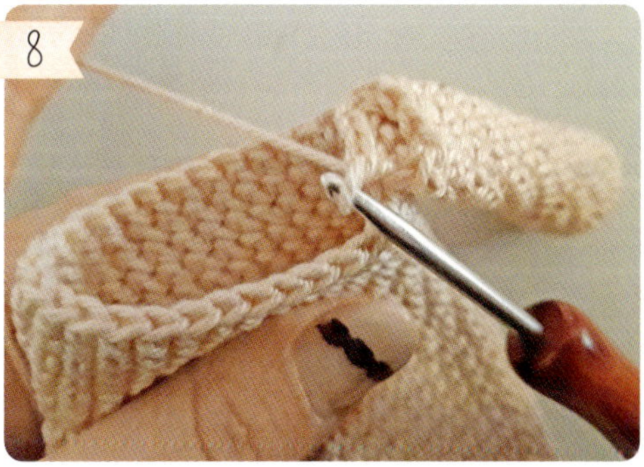

7

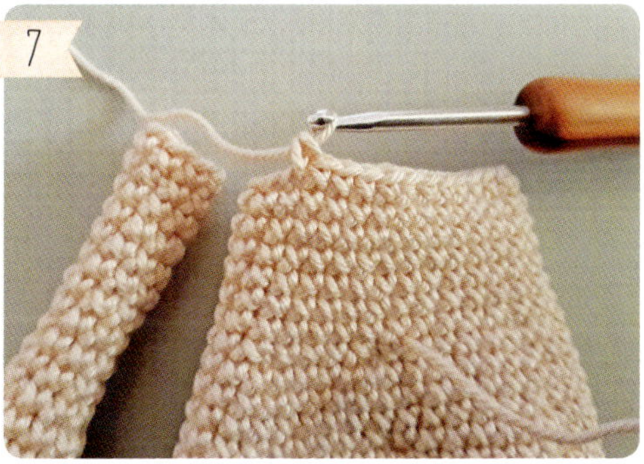

9

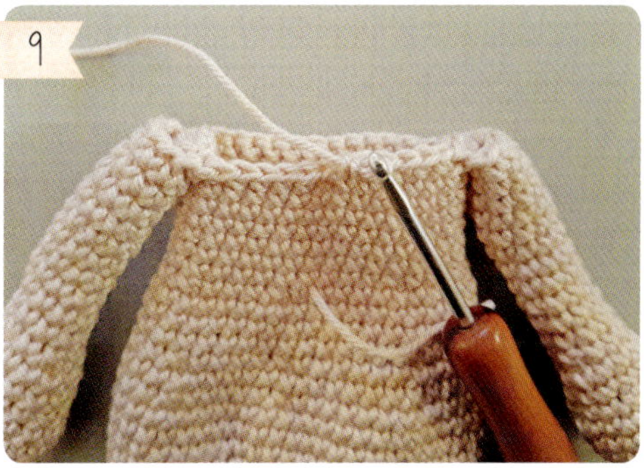

Stopfe jetzt den Körper mit Füllwatte aus. Dabei empfiehlt es sich, besonders fest auszustopfen, da dies die Stabilität beim späteren An- und Auskleiden erhöht. Abb. 10

36. Rd: Jede 6. M abn, dabei wird jeweils an der Außenkante deines eben eingehäkelten Armes entlanggehäkelt, also nicht über die 4 M, mit denen Rumpf und Arm verbunden sind, sondern über die übrigen 5 Arm-M (= 27 M). (Wenn durch das Anhäkeln der Arme eine andere M-Zahl vorliegt, die folgenden Schritte einfach mit der eigenen M-Zahl ausführen – geringe Abweichungen sind später nicht zu sehen.)

37. Rd: Jede 3. M abn (= 21 M). An dieser Stelle nach Möglichkeit auf 19 M in der Rd kommen, um weiterhin genau nach Anleitung arbeiten zu können! (Sind mehr als 19 M vorhanden, eine weitere Rd so lange jede 3. M abn, bis 21 M erreicht sind. Sind weniger als 21 M vorhanden, die letzte Rd so weit aufribbeln, bis 21 M erreicht sind, und dann ohne Abn bis zum Rd-Ende häkeln.)

Hinweis: Das Püppchen wird in einem Stück gehäkelt, damit Teile nicht extra angenäht werden müssen. Für Kleinkinder sollten die Sicherheitsaugen dennoch durch aufgestickte Augen ersetzt werden.

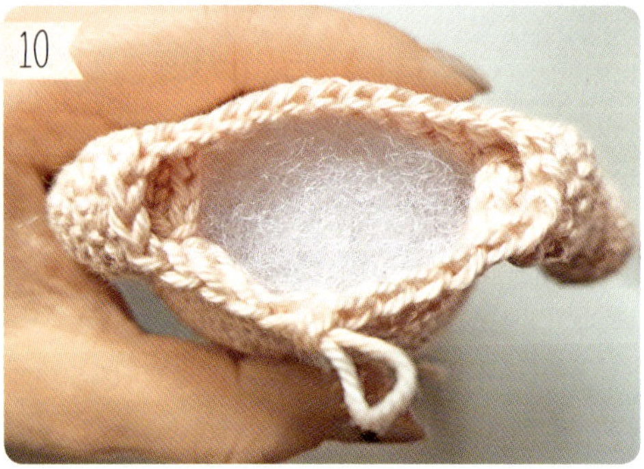
10

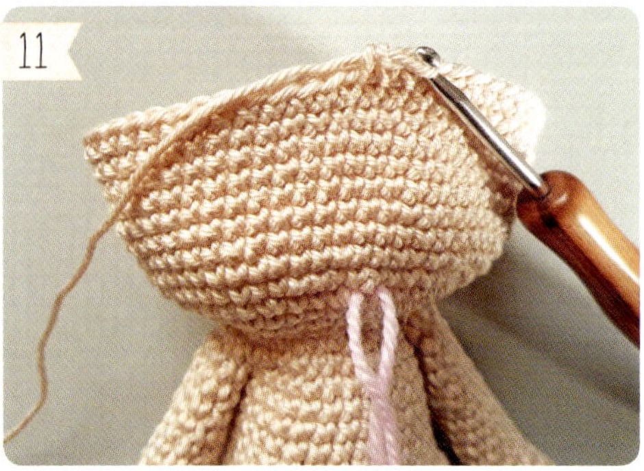
11

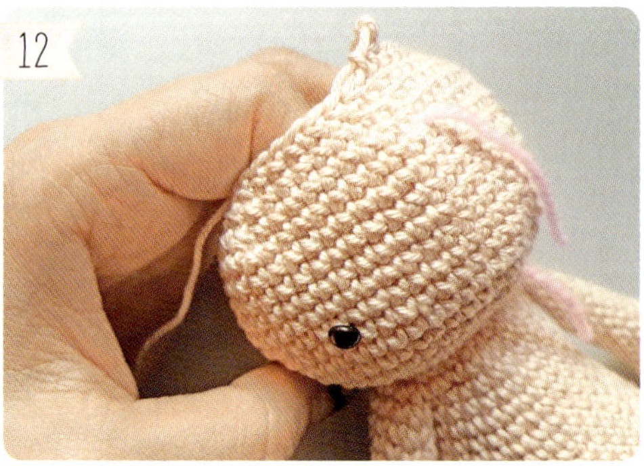
12

KOPF

38. Rd: Jede 3. M verdoppeln (= 28 M).
39. Rd: Jede 2. M verdoppeln (= 42 M).
40. Rd: Ohne Zun häkeln.
41. Rd: Jede 3. M verdoppeln (= 56 M).
42.–50. Rd: Ohne Zun häkeln. Abb. 11
51. Rd: Jede 8. M abn (= 50 M).
52. Rd: Jede 7. M abn (= 44 M).
53. Rd: Jede 6. M abn (= 39 M).
Nun die Sicherheitsaugen befestigen: 7 Rd vom „Hals" aus nach oben zählen, zwischen beiden Augen einen Abstand von 11 M lassen. Abb. 12
54. Rd: Jede 5. M abn (= 33 M).
55. Rd: Jede 4. M abn (= 27 M).
Den Kopf mit Füllwatte ausstopfen. Abb. 13
56. Rd: Jede 3. M abn (= 21 M).
57. Rd: Jede 2. M abn (= 16 M).
Ab jetzt fortlaufend M abn, bis nur noch ein kleines Loch übrig ist, dann mit 1 Km schließen.
Den Faden abschneiden und das Fadenende unsichtbar vernähen. Abb. 14
Dein Tamituzi ist fertig. Abb. 15
Wenn du magst, kannst du nun noch etwas Wangenrot auftupfen.

13
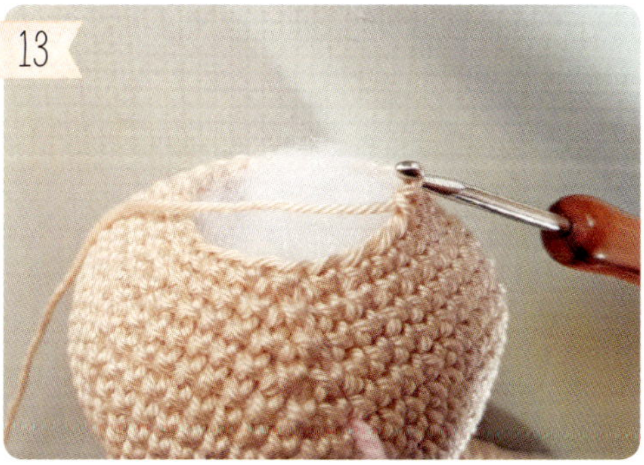

14
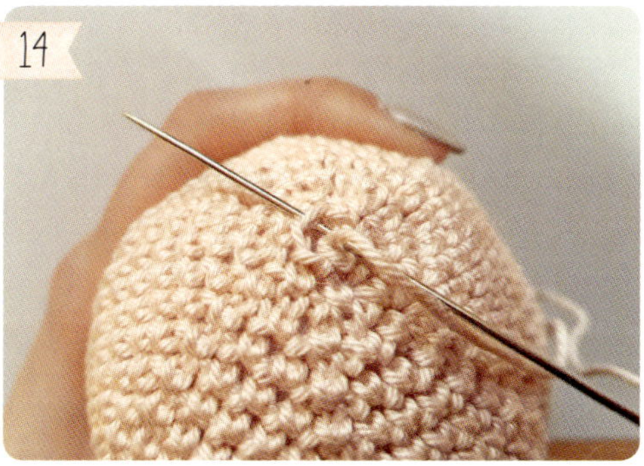

15
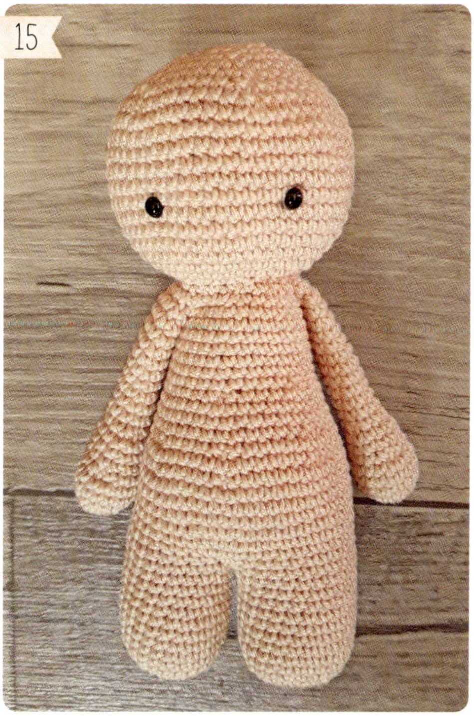

MIMITUZI

GRÖSSE: CA. 12 CM HOCH

DAS MIMITUZI-BASISPÜPPCHEN BEKOMMT DURCH TOLLE KOSTÜME SEINEN EIGENEN CHARAKTER.

MATERIAL

FÜR EIN MIMITUZI

- Schachenmayr „Catania" (100 % Baumwolle, LL 125 m/50 g): je 10 g Soft Apricot und in Wunschfarbe für die Kleidung (z. B. Mint)
- evtl. Maschenmarkierer
- Füllwatte
- 1 Paar Sicherheitsaugen in Schwarz, ø 5 mm
- Häkelnadel Nr. 3 oder 3,5 (Kostüm jeweils mit gleicher Nadelstärke häkeln)
- Wollnadel zum Vernähen
- Wangenrot oder Rouge

Das Mimituzi wird ganz ähnlich wie das Tamituzi gearbeitet und weicht nur an einigen Stellen leicht davon ab. Der Körper wird dabei immer farbig gehäkelt, nur die Hände und der Kopf in einem Hautton.

ARME (2X)

1. Rd: In Soft Apricot 5 fM in einen Fadenring häkeln.

2. Rd: Jede M verdoppeln (= 10 M).

3. und 4. Rd: Ohne Zun häkeln.

5. Rd: Jede 2. M abn (= 7 M).

Farbwechsel zu Mint. Abb. 1

6.–11. Rd: Ohne Abn häkeln. Die letzte Rd mit 1 Km in die 1. M der Rd schließen. Die Arme werden nicht mit Füllwatte ausgestopft. Abb. 2

1

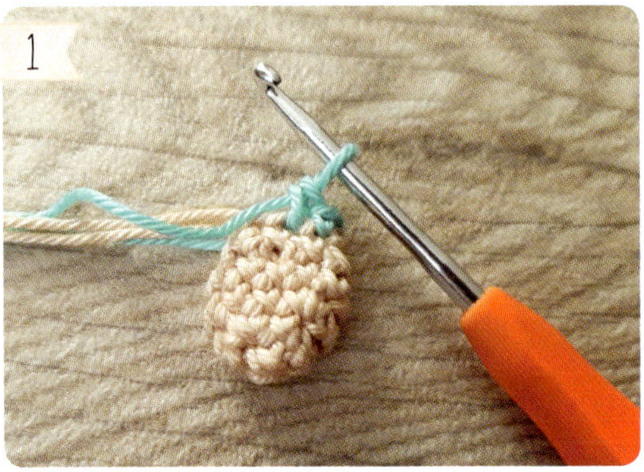

2

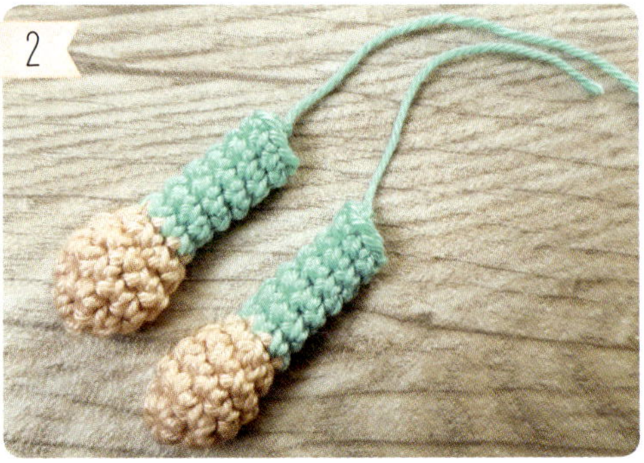

KÖRPER: BEINE, RUMPF UND KOPF

BEINE (2X)

1. Rd: In Mint 6 fM in einen Fadenring häkeln.

2. Rd: Jede M verdoppeln (= 12 M).

3. Rd: Jede 2. M verdoppeln (= 18 M).

4.–9. Rd: Ohne Zun häkeln. Die letzte Rd mit 1 Km schließen. Den Faden abschneiden. Beim zweiten Bein den Arbeitsfaden nicht abschneiden, damit wird an dieser Stelle jetzt weitergehäkelt. Abb. 3

Die Beine flach übereinanderlegen, die beiden Innenseiten mit 1 Km verbinden und mit 4 fM zusammenhäkeln. Abb. 4

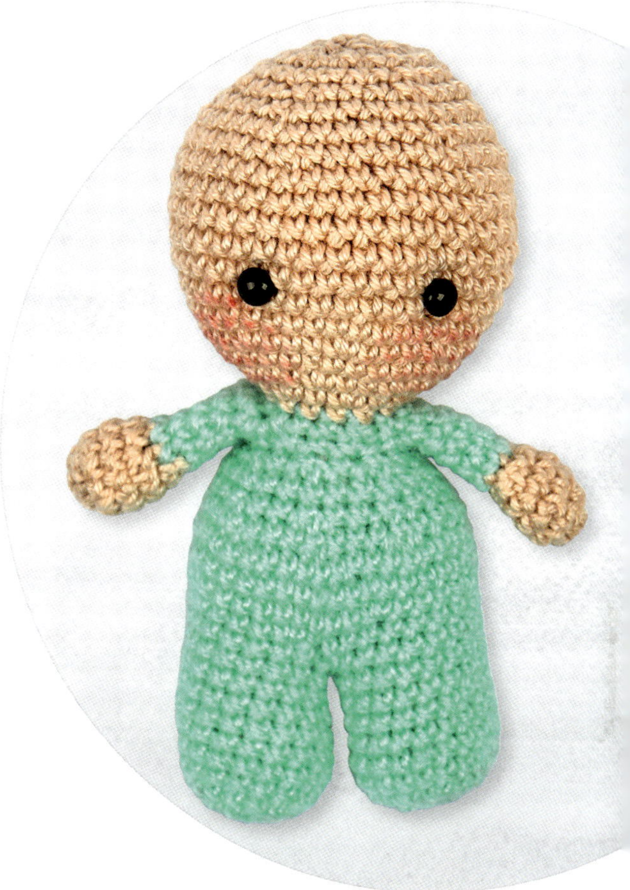

RUMPF

10. Rd: An der Stelle, wo sich jetzt die Nd befindet, direkt weiter 1 Rd außen um beide Beine herumhäkeln (= 30 M).

11.–13. Rd: Ohne Zun häkeln.

14. Rd: Jede 4. M abn (= 24 M).

15. und 16. Rd: Ohne Abn häkeln.

3

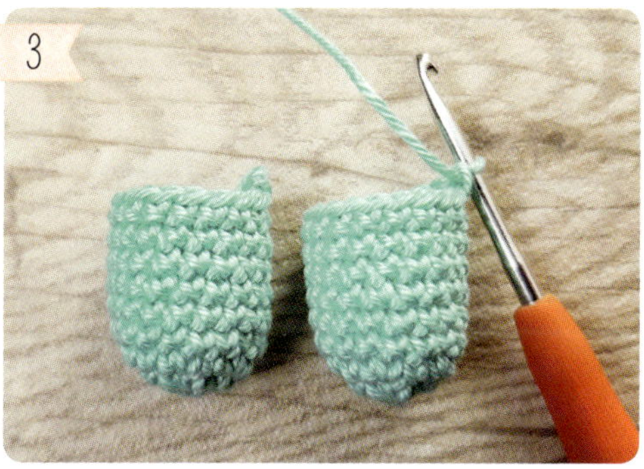

4

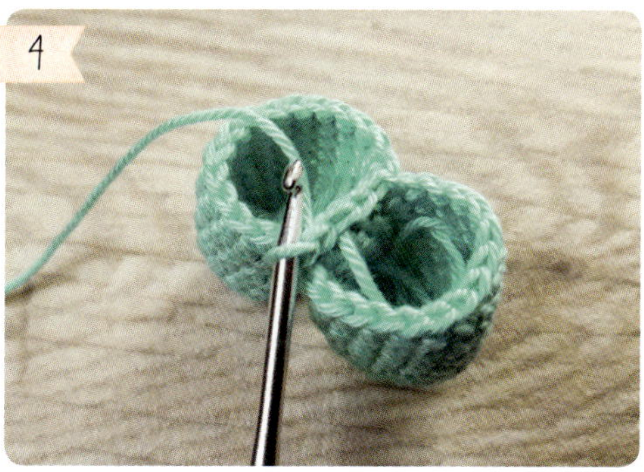

17. Rd: Jede 4. M abn (= 19 M). Abb. 5
18. Rd: Ohne Abn häkeln.
Die Arme seitlich am Körper mit 1 Km befestigen und mit 3 fM anhäkeln. Abb. 6
Den Körper mit Füllwatte ausstopfen.
19. Rd: An der Außenkante der Armöffnung und dem Rumpf entlanghäkeln und dabei jede 2. M abn (= 18 M).
Farbwechsel zu Soft Apricot.

KOPF

20. Rd: Jede 2. M verdoppeln (= 27 M).
21. Rd: Jede 3. M verdoppeln (= 36 M).
22. Rd: Jede 5. M verdoppeln (= 43 M).
23.–29. Rd: Ohne Zun häkeln. Abb. 7
30. Rd: Jede 6. M abn (= 36 M).
31. Rd: Ohne Abn häkeln.
32. Rd: Jede 5. M abn (= 30 M).
33. Rd: Ohne Abn häkeln.
Nun die Sicherheitsaugen befestigen: 6 Rd vom „Hals" aus nach oben zählen, zwischen beiden Augen einen Abstand von 7 M lassen.
34. Rd: Jede 2. M abn (= 20 M).
Den Kopf mit Füllwatte ausstopfen. Abb. 8
Ab jetzt fortlaufend M abn, bis nur noch ein kleines Loch übrig ist. Die Rd mit 1 Km schließen. Den Faden abschneiden und das Fadenende unsichtbar vernähen.
Dein Mimituzi ist fertig. Wenn du magst, kannst du nun noch etwas Wangenrot auftupfen.

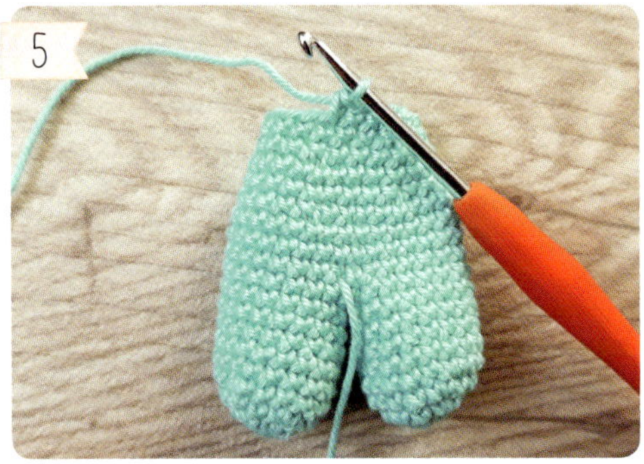
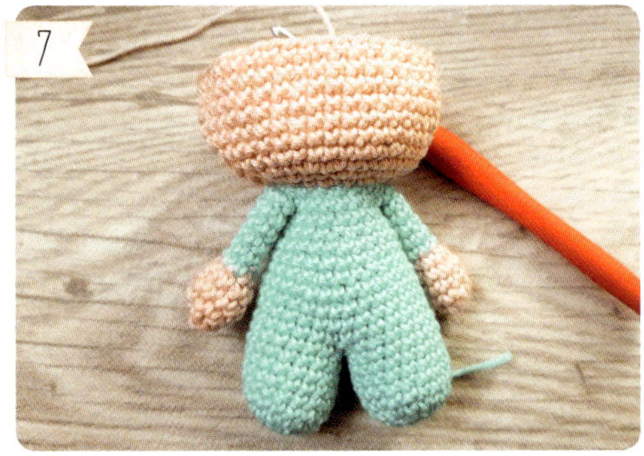
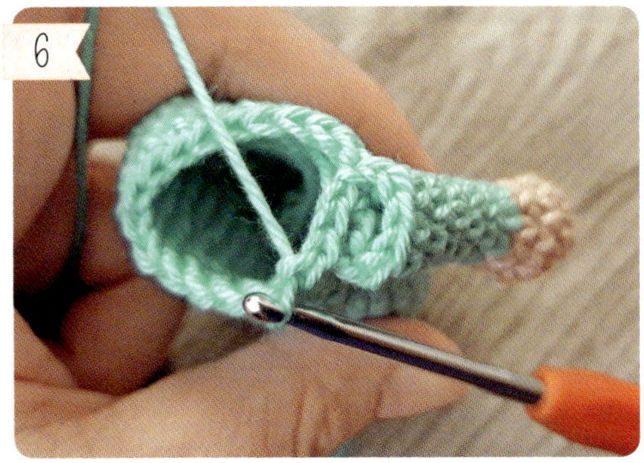
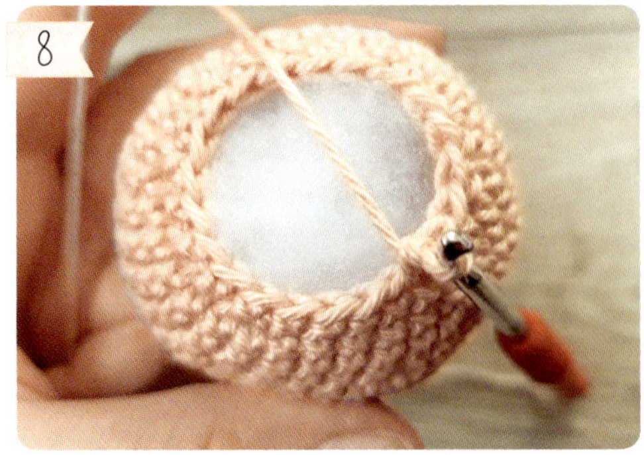

BOMMELMÜTZE

MATERIAL

- stärkeres Baumwollgarn als für das Püppchen (z. B. Lana Grossa „Star", LL 90 m/50 g): je ein Rest in den Wunschfarben (z. B. Altrosa und Taupe)
- Häkelnadel Nr. 4 oder 4,5
- Wollnadel zum Vernähen

Es werden hStb in Spiral-Rd gehäkelt, nur der untere Randabschluss wird mit Relief-hStb gearbeitet. Während des Häkelns die Passform an der Puppe überprüfen, um evtl. 1 Rd mehr oder weniger zu häkeln.

1. Rd: 8 hStb in einen Fadenring häkeln.
2. Rd: Jede M verdoppeln (= 16 M).
3. Rd: Jede 2. M verdoppeln (= 24 M).
4. Rd: Jede 3. M verdoppeln (= 32 M).
5. Rd: Ohne Zun häkeln.
6.–8. Rd: 1 Relief-hStb von vorn und 1 Relief-hStb von hinten im Wechsel häkeln (= 32 M). Die letzte Rd mit 1 Km in die 1. M der Rd schließen.
9. Rd: Für eine bessere Passform evtl. 1 Rd Km in Taupe anschließen.

Mit Fäden beider Farben einen Pompon von ca. 2,5–3 cm Durchmesser fertigen. Dazu entweder ein Pomponset zu Hilfe nehmen oder den Pompon um die vier Zinken einer Gabel wickeln. Dann einen Faden zwischen die mittleren Zinken fädeln und damit die gewickelten Fäden bündeln. Das Bündel verknoten und die Fäden an beiden Seiten der Gabel aufschneiden. Den Pompon ggf. noch etwas zurechtschneiden, dann oben an die Mütze nähen.

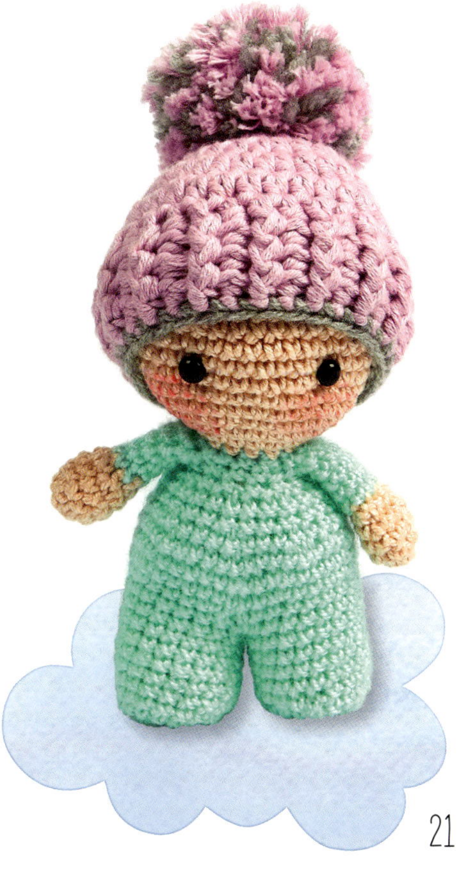

TAMITUZI

Einhorn Flöckchen

DAS FREUNDLICHE EINHORN FLÖCKCHEN
LIEBT UMARMUNGEN UND IST IMMER FÜR SEINE FREUNDE DA.

MATERIAL

FÜR EIN TAMITUZI UND DAS KOSTÜM

- Lana Grossa „Cotone" (100 % Baumwolle, LL 125 m/50 g): 25 g Weiß und 10 g Apricot
- Hobbii „Rainbow Cotton 8/4" (100 % Baumwolle, LL 170 m/50 g): je ein Rest Babyrosa und Graubraun sowie in 5 verschiedenen Farben für die Mähne (z. B. Pastellmint, Gelb, Pastelllila, Koralle und Türkis)
- Häkelnadel Nr. 3 oder 3,5
- Füllwatte
- 1 Paar Sicherheitsaugen in Schwarz, ø 5 mm
- 1 Paar Augen in Blau zum Annähen, ø 5 mm (für das Einhorn-Gesicht auf der Mütze)
- 1 kleines Dekoknöpfchen (z. B. Eistütchen)
- Wollnadel zum Vernähen
- Wangenrot oder Rouge

ARME, KÖRPER UND KOPF

Arme, Körper und Kopf wie für das Tamituzi auf Seite 12–17 beschrieben häkeln, dabei aber den Kopf und die ersten 6 Rd der Arme in Apricot arbeiten und den Rest des Körpers in Weiß. Abb. 1

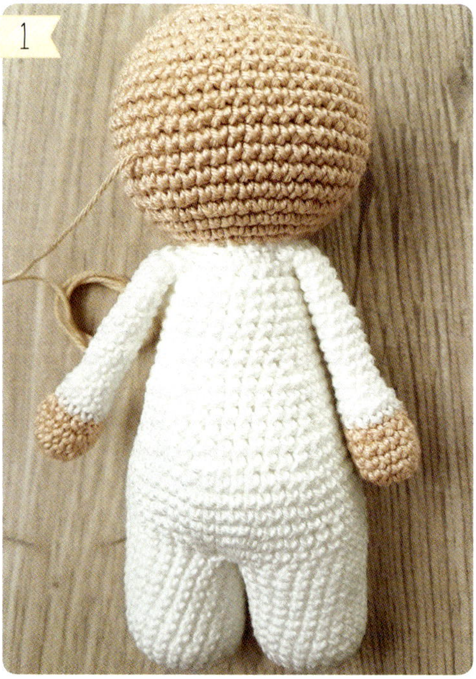

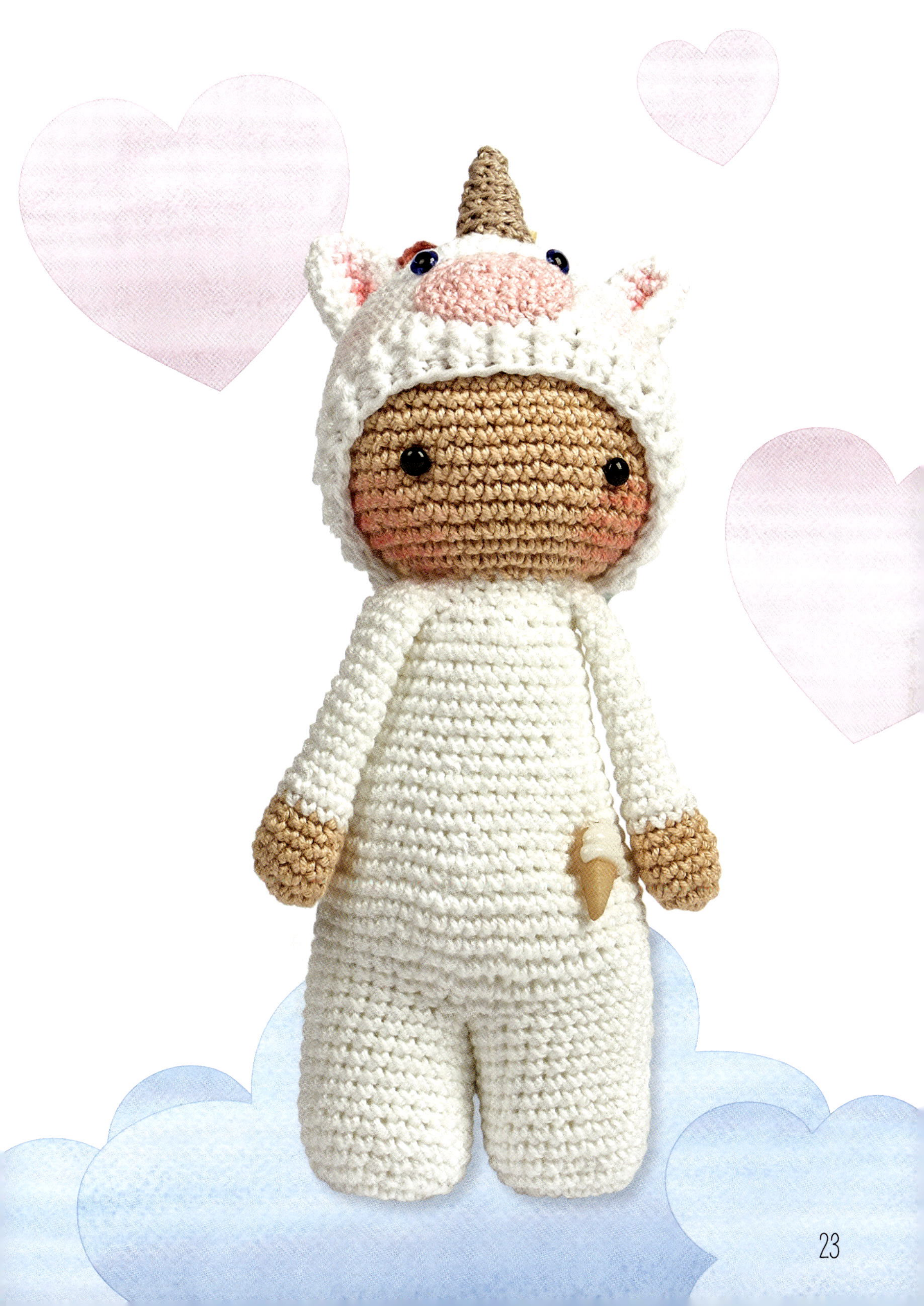

Als Kostüm bekommt das Tamituzi eine Einhorn-Mütze mit Ohren, Horn, Nase und Mähne und einen Schweif.

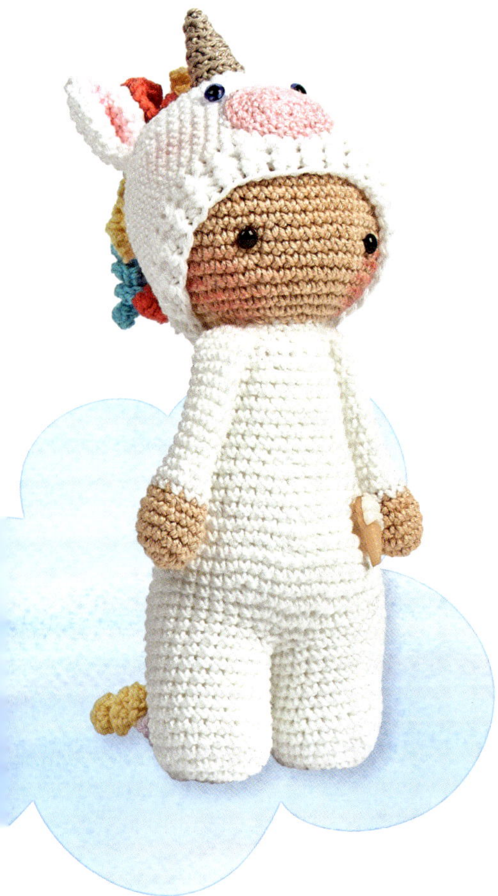

MÜTZE

Es werden fM in Spiral-Rd gehäkelt, nur das Bündchen wird mit Relief-hStb gearbeitet.

1. Rd: In Weiß 6 fM in einen Fadenring häkeln.

2. Rd: Jede M verdoppeln (= 12 M).

3. Rd: Jede 2. M verdoppeln (= 18 M).

4. Rd: Jede 3. M verdoppeln (= 24 M).

5. Rd: Jede 4. M verdoppeln (= 30 M).

6. Rd: Jede 5. M verdoppeln (= 36 M).

7. Rd: Jede 6. M verdoppeln (= 42 M).

8. Rd: Jede 7. M verdoppeln (= 48 M).

9.–20 Rd: Ohne Zun häkeln. Passform der Mütze überprüfen, evtl. weniger Rd arbeiten.

21. Rd: 1 hStb in jede M häkeln (= 48 M).

22. und 23. Rd: 1 Relief-hStb von vorn und 1 Relief-hStb von hinten im Wechsel häkeln (= 48 M). Die letzte Rd mit 1 Km in die 1. M der Rd schließen. Den Faden abschneiden und unsichtbar vernähen.

OHREN (2X)

Es werden fM in Spiral-Rd gehäkelt.

1. Rd: In Weiß 5 fM in einen Fadenring häkeln.

2. Rd: Jede M verdoppeln (= 10 M).

3. Rd: Ohne Zun häkeln.

4. Rd: Jede 2. M verdoppeln (= 15 M).

5.–7. Rd: Ohne Zun häkeln.

8. Rd: Jede 2. M abn (= 10 M).

9. Rd: Ohne Abn häkeln. Die Rd mit 1 Km schließen. Den Faden abschneiden.

HORN

Es werden fM in Spiral-Rd gehäkelt.
In Graubraun 11 Lm anschl und mit 1 Km in die 1. Lm zum Ring schließen.

1. Rd: 10 fM in den Ring häkeln.

Ab hier nur noch in das hintere M-Glied einstechen, so entsteht die Spiral-Optik an der Außenseite des Horns.

2. Rd: Ohne Zun häkeln (= 10 M).

3. Rd: Die 1. und 4. M abn (= 8 M).

4. Rd: Ohne Abn häkeln.

5. Rd: Die 1. und 3. M abn (= 6 M).

6. Rd: Ohne Abn häkeln. Die Rd mit 1 Km schließen.

Das Fadenende abschneiden und mit einer Woll-Nd zuerst an der Spitze des Horns sauber vernähen und anschließend im Inneren des Hornes verstechen. Das Horn mithilfe eines Stiftes mit Füllwatte ausstopfen.

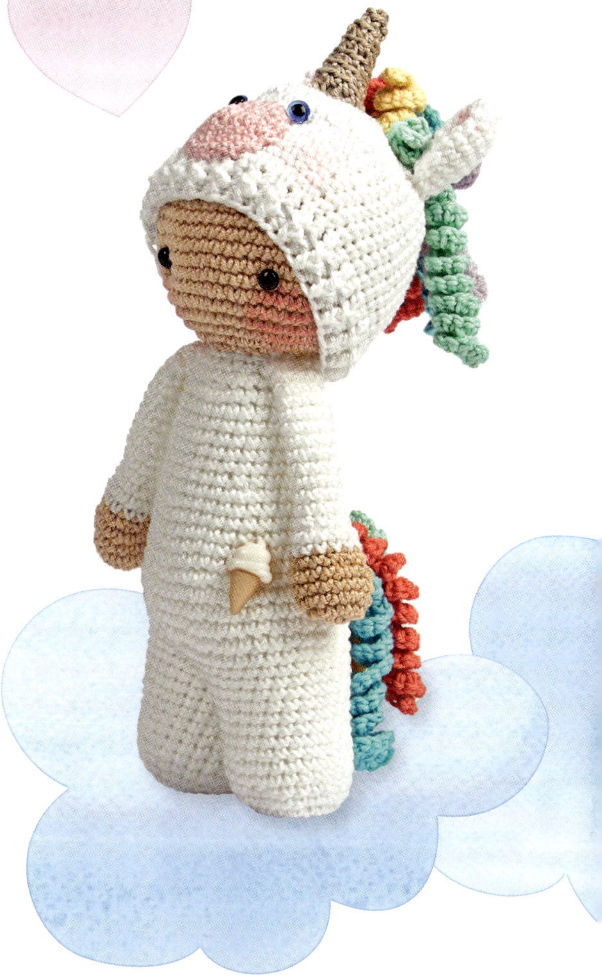

NASE

Es werden fM in Spiral-Rd gehäkelt.
In Rosa 4 Lm anschl.

1. Rd: Häkle 1 fM in die 2. Lm von der Nd aus, 1 fM in die nächste Lm der Lm-Kette und 4 fM in die letzte Lm der Kette. So entsteht eine Rundung und du kannst auf der anderen Seite der Lm-Kette weiterhäkeln: je 1 fM in die nächsten 3 Lm und 4 fM in die 1. fM der Rd, damit schließt sich das Oval (= 12 M). (Hast du mehr oder weniger M, häkelst du einfach mit deiner M-Zahl weiter, den Unterschied wird man am Ende nicht sehen.)

2. Rd: Jede 2. M verdoppeln (= 18 M).

3. Rd: Jede 3. M verdoppeln (= 24 M).

Abb. 2

2

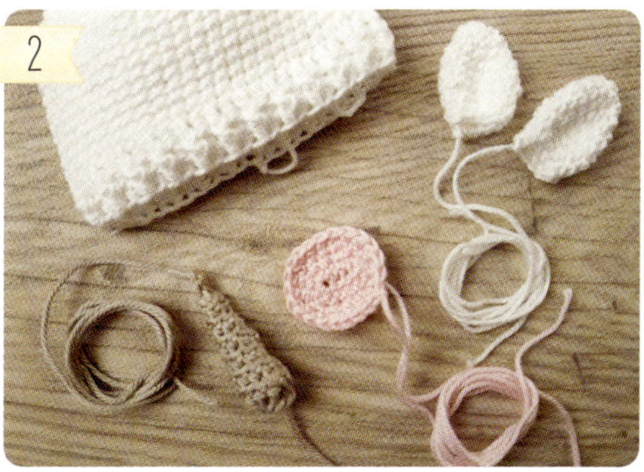

MÄHNE UND SCHWEIF

Für Mähne und Schweif häkelst du insgesamt zehn Spiralen, zwei je Farbe – eine längere und eine kürzere.
Beginne jede Spirale mit einer Lm-Kette: für die längeren häkelst du jeweils 40 Lm, für die kürzeren jeweils 30 Lm. Nun behäkelst du die Lm-Kette mit fM, dabei häkelst du jeweils 3 fM in 1 Lm. Die Spirale sieht dann gewöhnlich noch nicht so ordentlich aus, drehe sie also in Form. Du kannst sie z. B. enger drehen oder lang ziehen, probiere einfach aus, wie es dir am besten gefällt. Die Fadenenden werden auch hier bei jeder einzelnen Spirale vernäht.

FERTIGSTELLUNG

Nähe die Nase knapp über dem unteren Mützenrand an der Außenkante entlang an. Abb. 3
Die blauen Augen werden knapp über der Nase angenäht. Das Horn nähst du an der unteren Kante mittig über den Augen an der Mütze fest.
Die Ohren werden genau auf Höhe der oberen Mützenkante angenäht. (Also der Mützenbeginn befindet sich etwa zwischen den Ohren.) Falte den unteren Rand der Ohren einmal zusammen und nähe sie an. Abb. 4

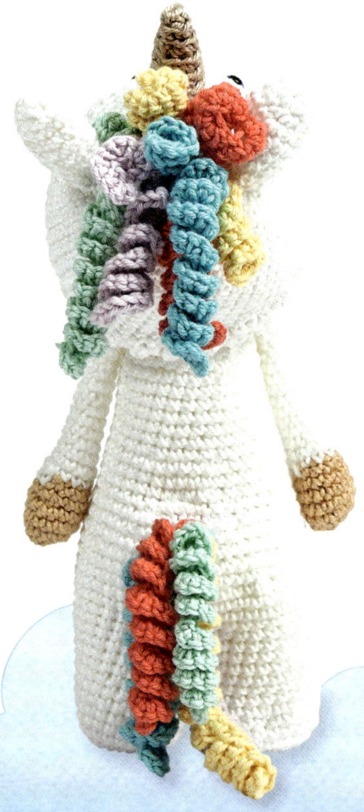

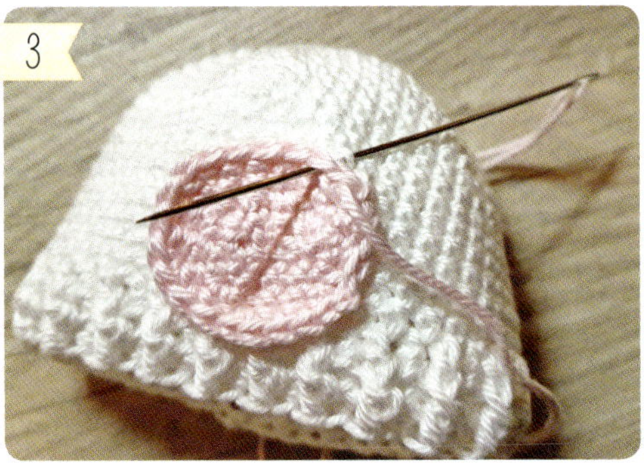

3

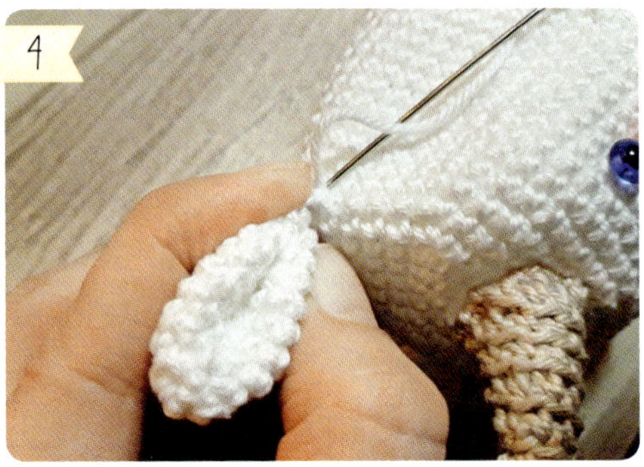

4

Nimm dir fünf Spiralen für die Mähne am Kopf, mische dabei lange und kurze Spiralen. Umwickle das Bündel etwas oberhalb der Mitte und mache einen festen Knoten. Die Enden sollten nun auf einer Seite etwas länger sein. Abb. 5 Mit dem Faden, mit dem du eben den Knoten gemacht hast, nähst du die Mähne nun genau am Punkt mittig zwischen Horn und Ohren an. Die kurzen Spiralen sollen wie ein Pony nach vorn zeigen, die längeren zum Hinterkopf. Für den Schweif bündelst du die restlichen fünf Spiralen und stichst mit der Nd ein paar Mal hindurch. Abb. 6 Nähe nun den Schweif kreisförmig hinten am Körper fest. Vernähe das Fadenende unsichtbar. Abb. 7

Zuletzt tupfst du auf das Innere der Ohren noch etwas Wangenrot oder Rouge auf. Und wenn du möchtest, nähst du noch ein Dekoknöpfchen auf den Körper.

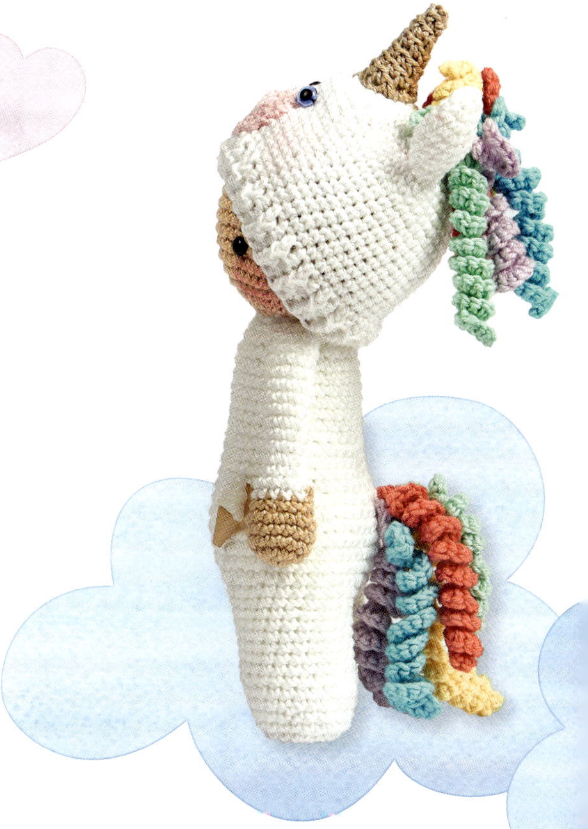

5

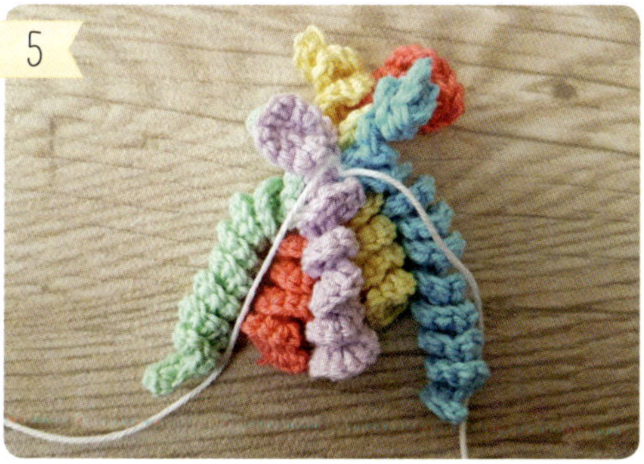

6

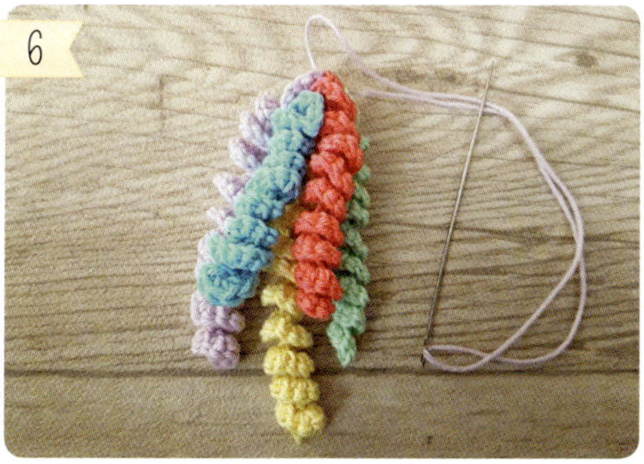

7

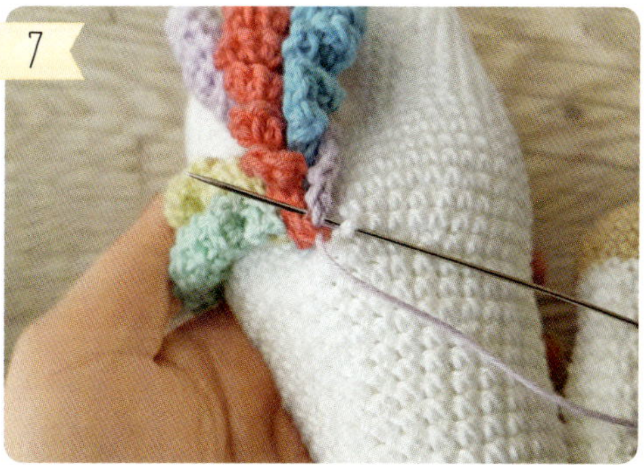

TAMITUZI

Willi Wolke

DER LUSTIGE WILLI WOLKE SPRINGT GERN IN PFÜTZEN UND LIEBT BAUSCHIGE REGENWOLKEN.

MATERIAL

FÜR EIN TAMITUZI UND DAS KOSTÜM

- Schachenmayr „Catania" (100 % Baumwolle, LL 125 m/50 g): 30 g Soft Apricot (alternativ: Lana Grossa „Cotone", 30 g Apricot)
- Lana Grossa „Cotone" (100 % Baumwolle, LL 125 m/50 g): 50 g Weiß
- Hobbii „Rainbow Cotton 8/4" (100 % Baumwolle, LL 170 m/50 g): je ein Rest von 2 verschiedenen Blautönen (z. B. Blau und Türkis)
- Häkelnadel Nr. 3 oder 3,5
- Füllwatte
- 1 Paar Sicherheitsaugen in Schwarz, ø 5 mm
- Wollnadel zum Vernähen
- Wangenrot oder Rouge

ARME, KÖRPER UND KOPF

Arme, Körper und Kopf wie für das Tamituzi auf Seite 12–17 beschrieben häkeln.

Eine Pumphose und eine Wolkenmütze bilden das Wolkenkostüm für das Tamituzi. Die Mütze besteht aus einem Innenteil und einem Außenteil, das aus einzelnen Halbkugeln zusammengesetzt wird.

MÜTZE

Innenteil:

Es werden hStb in Spiral-Rd gehäkelt.

1. Rd: In Weiß 8 hStb in einen Fadenring häkeln.

2. Rd: Jede M verdoppeln (= 16 M).

3. Rd: Jede 2. M verdoppeln (= 24 M).

4. Rd: Jede 3. M verdoppeln (= 32 M).

5. Rd: Jede 4. M verdoppeln (= 40 M).

6. Rd: Jede 5. M verdoppeln (= 48 M).

7.–12. Rd: Ohne Zun häkeln. Die letzte Rd mit 1 Km in die 1. M der Rd schließen.

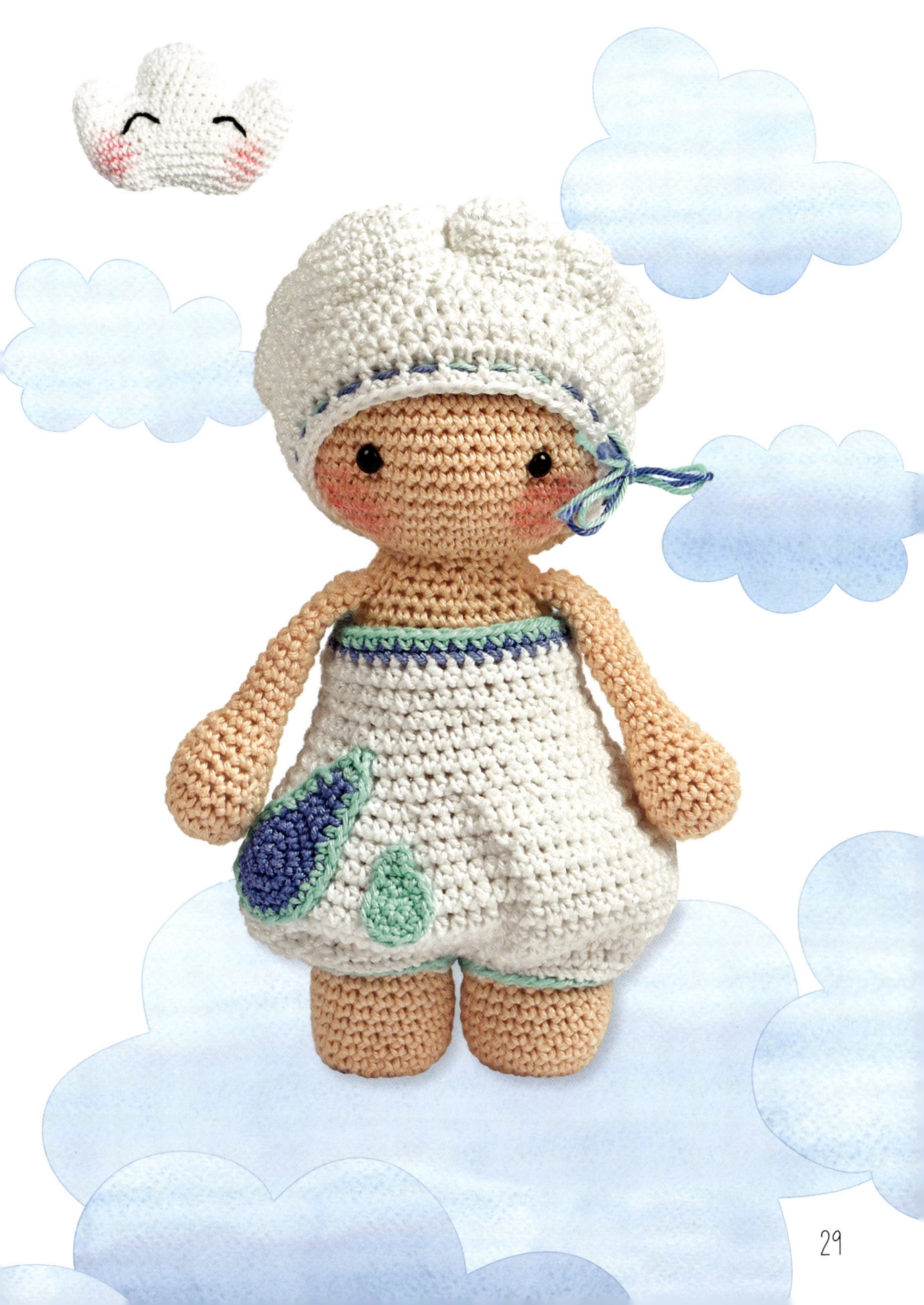

Außenteil:

HALBKUGEL, KLEIN (4x)

Es werden fM in Spiral-Rd gehäkelt.

1. Rd: In Weiß 6 fM in einen Fadenring häkeln.

2. Rd: Jede M verdoppeln (= 12 M).

3. und 4. Rd: Ohne Zun häkeln. Die letzte Rd mit 1 Km schließen.

Das Fadenende abschneiden.

HALBKUGEL, MITTEL (4x)

Es werden fM in Spiral-Rd gehäkelt.

1. Rd: In Weiß 6 fM in einen Fadenring häkeln.

2. Rd: Jede M verdoppeln (= 12 M).

3. Rd: Jede 2. M verdoppeln (= 18 M).

4. und 5. Rd: Ohne Zun häkeln. Die letzte Rd mit 1 Km schließen.

Das Fadenende abschneiden.

HALBKUGEL, GROSS (5x)

Es werden fM in Spiral-Rd gehäkelt.

1. Rd: In Weiß 6 fM in einen Fadenring häkeln.

2. Rd: Jede M verdoppeln (= 12 M).

3. Rd: Jede 2. M verdoppeln (= 18 M).

4. Rd: Jede 3. M verdoppeln (= 24 M).

5. und 6. Rd: Ohne Zun häkeln. Die letzte Rd mit 1 Km schließen.

Das Fadenende abschneiden. Abb. 1

Lege alle Halbkugeln durcheinander mit der Öffnung nach oben so vor dich hin, dass sie eine etwa runde Fläche bilden. Nähe sie nun an den Rändern mit je vier Stichen zusammen. Häkle anschließend an der gesamten unteren Kante entlang fM und nimm am Übergang von einer Halbkugel zur nächsten immer 2 M nebeneinander ab. Häkle dann 1 Rd hStb und nimm dabei jede 5. M ab. Anschließend zählst du deine M. Um die innere und äußere Mütze zusammenzuhäkeln, benötigst du eine annähernd gleiche M-Zahl an beiden Mützenteilen. Beim Innenteil sind 48 M vorhanden, nimm deshalb nun in der folgenden Rd entsprechend dieser Beispielrechnung weitere M ab:

56 M in der Rd geteilt durch 6 = 9,3

56 M minus 9 M = 47 M

1

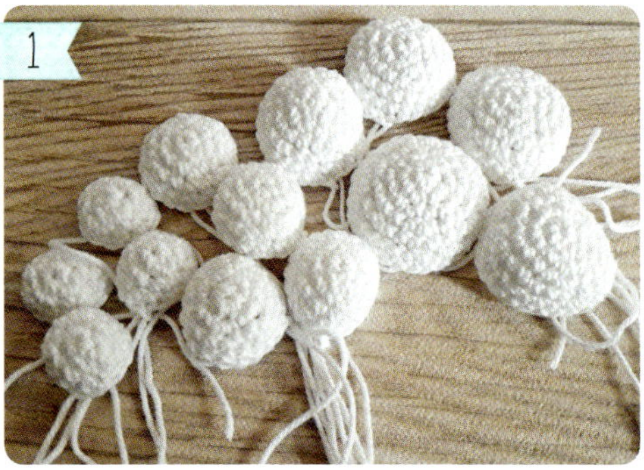

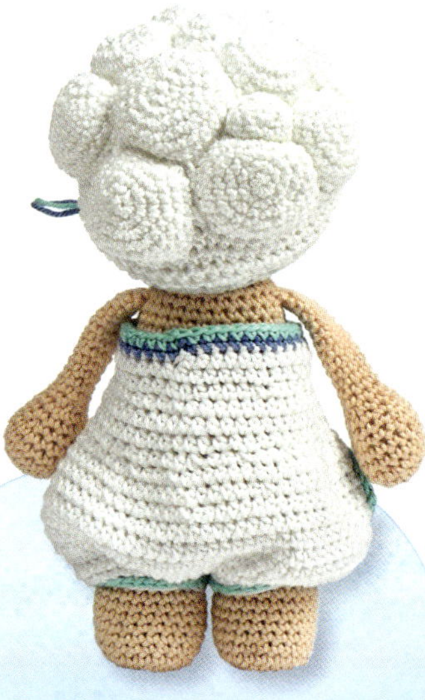

Demnach müsstest du in der folgenden Rd jede 6. M abn, um 47 M in der Rd zu erhalten. Nach dieser Abn-Rd häkelst du noch 2 weitere Rd hStb ohne Abn.

FERTIGSTELLUNG
Stecke anschließend die innere in die äußere Mütze und häkle sie am unteren Rand mit hStb zusammen. (Stimmt deine M-Zahl hier nicht genau überein, wie auch in unserem Beispiel, kannst du hin und wieder eine M auslassen, das wird am Ende nicht sichtbar sein.) Bevor die Mütze ganz verschlossen ist, kannst du die größeren Halbkugeln noch mit etwas Füllwatte ausstopfen.
Setze die Mütze nun deinem Tamituzi auf und entscheide, ob du abschließend noch 1–2 weitere Rd fM häkeln möchtest. Der untere Mützenrand sollte deinem Püppchen bis knapp über die Augen reichen. Wenn du möchtest, kannst du die Mütze nun noch mit farbigem Garn verzieren. Webe dazu je einen Faden in Blau und Mint in den unteren Mützenrand ein. Alternativ kannst du auch ein passendes Schleifenband durch den Mützenrand ziehen.

PUMPHOSE

Es werden hStb in Spiral-Rd gehäkelt. Die M-Zahl ist nicht so wichtig – Hauptsache, die Hose wird schön weit!

HOSENBEINE (2x)
In Weiß 27 Lm anschl, mit 1 Km in die 1. Lm zur Rd schließen und 1 Rd hStb häkeln (= je 26 M).

ZUSAMMENSCHLUSS HOSE
Häkle nun beide Beine mit 6 fM zusammen. Häkle dann direkt weiter 1 Rd hStb außen um beide Beine herum. Dabei solltest du in die Verbindungsstellen der Beine vorn und hinten auch 2 oder 3 M arbeiten. Ich habe hier 3 M hineingehäkelt, damit kein Loch entsteht. Diese 1. Rd nach Zusammenschluss hat nun 46 M. Es macht aber nichts, wenn du ein paar M mehr oder weniger hast – arbeite einfach mit deiner M-Zahl weiter.
2. Rd: Jede 2. M verdoppeln (= 69 M).
3.–7. Rd: Ohne Zun häkeln.
8. Rd: Jede 7. M abn (= 61 M)
9. Rd: Ohne Abn häkeln.
10. Rd: Jede 3. M abn (= 46 M)
11.–13. Rd: Ohne Abn häkeln.
14. Rd: Jede 4. M abn (= 37 M).
Hinweis: Ziehe dem Tamituzi die Hose zwischendurch einmal an, damit du weißt, ob der schmale Teil der Hose über den Po deines Püppchens passt! (Passt er nicht, lässt du den letzten Abnahme-Schritt weg.)
15. und 16. Rd: Ohne Abn häkeln.
Häkle abschließend 1 Rd fM in Blau und 1 Rd fM in Mint und schließe die letzte Rd mit 1 Km in die 1. M. Das Fadenende abschneiden.
Außerdem kannst du die unteren Beinöffnungen ebenfalls mit 1 Rd fM in Mint oder Blau umhäkeln.

TROPFEN-APPLIKATIONEN

Es werden zunächst fM in Spiral-Rd gehäkelt.

GROSSER TROPFEN

In der 1.–3. Rd werden fM in Spiral-Rd gehäkelt.

1. Rd: In Blau 6 fM in einen Fadenring häkeln.

2. Rd: Jede M verdoppeln (= 12 M).

3. Rd: Jede 2. M verdoppeln (= 18 M).

Arbeite nun wie folgt:

4 fM und 1 Wende-Lm, wenden. Die 1. M überspringen, 3 fM, 1 Wende-Lm, wenden. Die 1. M überspringen, 2 fM, 1 Wende-Lm, wenden. Die 1. M überspringen, 1 fM.

Behäkle nun noch die Außenkante des Tropfens mit 1 Rd fM und schließe die Rd mit 1 Km. Das Fadenende abschneiden.

KLEINER TROPFEN

In der 1. und 2. Rd werden fM in Spiral-Rd gehäkelt.

1. Rd: In Mint 6 fM in einen Fadenring häkeln.

2. Rd: Jede M verdoppeln (= 12 M).

Arbeite nun wie folgt:

2 fM und 1 Wende-Lm, wenden. Die 1. M überspringen, 1 fM.

Behäkle nun noch die Außenkante des Tropfens mit 1 Rd fM und schließe die Rd mit 1 Km. Das Fadenende abschneiden.

FERTIGSTELLUNG

Nähe beide Tropfen auf die Vorderseite der Hose. Abb. 2

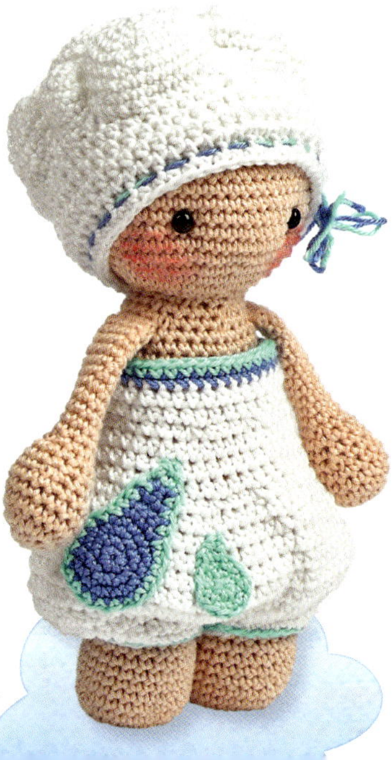

2

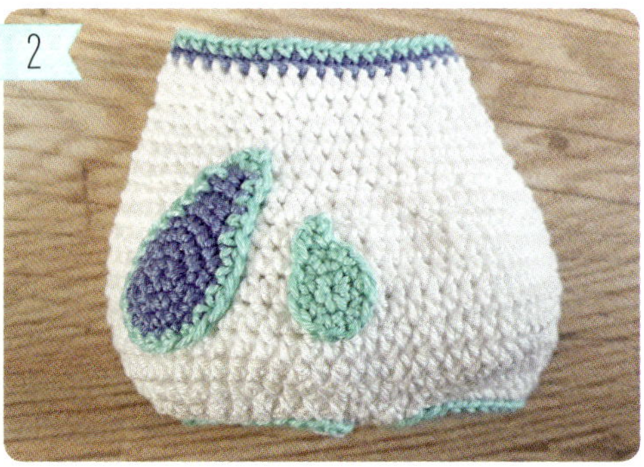

WÖLKCHEN

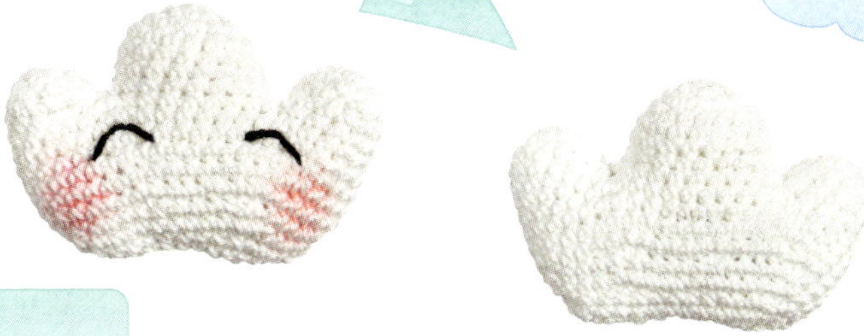

MATERIAL

- Lana Grossa „Cotone“ (100 % Baumwolle, LL 125 m/50 g): 10 g Weiß und ein Rest Schwarz
- Häkelnadel Nr. 3 oder 3,5
- Füllwatte
- Wollnadel zum Vernähen
- Wangenrot oder Rouge

Waldemar Wolke hat als Begleiter natürlich ein Wölkchen. Dafür häkelst du drei Halbkugeln, die du verbindest und umhäkelst.

HALBKUGEL, GROSS (1x)

Es werden fM in Spiral-Rd gehäkelt.
1. Rd: In Weiß 6 fM in einen Fadenring häkeln.
2. Rd: Jede M verdoppeln (= 12 M).
3. Rd: Jede 2. M verdoppeln (= 18 M).
4.–7. Rd: Ohne Zun häkeln.

3

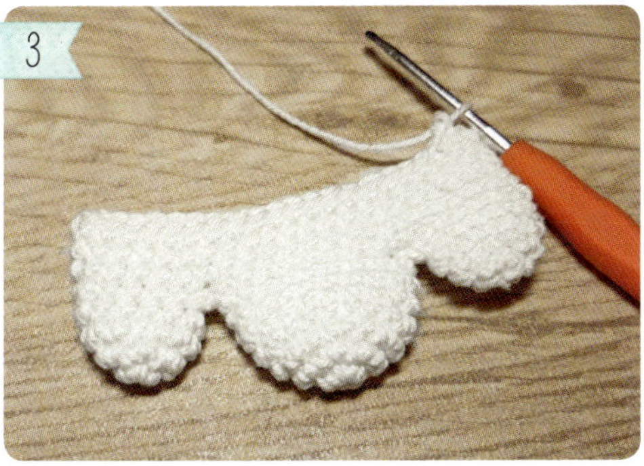

HALBKUGEL, KLEIN (2x)

Es werden fM in Spiral-Rd gehäkelt.
1. Rd: In Weiß 6 fM in einen Fadenring häkeln.
2. Rd: Jede M verdoppeln (= 12 M).
3. Rd: Ohne Zun häkeln.

FERTIGSTELLUNG

Lege die Halbkugeln flach vor dich hin: die große Halbkugel in die Mitte, links und rechts davon je eine kleine Halbkugel. Dann häkelst du sie am unteren Rand mit je 2 fM zusammen. Häkle anschließend 4 Rd fM außen, am unteren Rand um die verbundenen Halbkugeln herum, dabei solltest du in die Verbindungsstellen vorn und hinten auch je 2 M arbeiten (= 42 M). Wenn du ein paar M mehr oder weniger hast, macht das nichts, dann arbeitest du mit deiner M-Zahl weiter. Abb. 3
5. Rd: Jede 5. M abn (= 35 M).
6. Rd: Ohne Abn häkeln.
7. Rd: Jede 4. M abn (= 28 M).
8. Rd: Ohne Abn häkeln. Die letzte Rd mit 1 Km in die 1. M der Rd schließen.
Das Fadenende abschneiden.
Stopfe nun das Wölkchen mit Füllwatte aus und nähe dann die Öffnung zu. Sticke die Augen auf und färbe die Wangen rot.

TAMITUZI

Elli Engelchen

ELLI ENGELCHEN UND IHRE FUNKELNDEN STERNE WISSEN BEI JEDEM PROBLEM, WAS ZU TUN IST.

MATERIAL

FÜR EIN TAMITUZI UND DAS KOSTÜM

- Schachenmayr „Catania“ (100 % Baumwolle, LL 125 m/50 g): 30 g Soft Apricot (alternativ: Lana Grossa „Cotone“, 30 g Apricot)
- Hobbii „Rainbow Cotton 8/4“ (100 % Baumwolle, LL 170 m/50 g): 50 g Gelb, 30 g Weiß und je ca. 10 g Babyrosa, Zartes Hellblau und Helles Jeansblau
- Häkelnadel Nr. 3 oder 3,5
- Füllwatte
- 1 Paar Sicherheitsaugen in Schwarz, ø 5 mm
- Wollnadel zum Vernähen
- Wangenrot oder Rouge

Das Engelchen ist das einzige Tamituzi mit Haaren. Nach diesem Prinzip kannst du natürlich all deinen anderen Püppchen auch Frisuren verpassen! Außerdem bekommt das Engelchen als Kostüm noch ein Kleid und Flügel.

ARME, KÖRPER UND KOPF

Arme, Körper und Kopf in Soft Apricot wie für das Tamituzi auf Seite 12–17 beschrieben häkeln.

HAARE

Schneide etwa ein halbes Knäuel Gelb und etwas Zartes Hellblau in 30 cm lange Fäden.

Lege jeden Faden zur Hälfte und ziehe die entstandene Schlaufe durch eine Masche am Kopf, ziehe dann die beiden Fadenenden durch die Schlaufe. Abb. 1

1

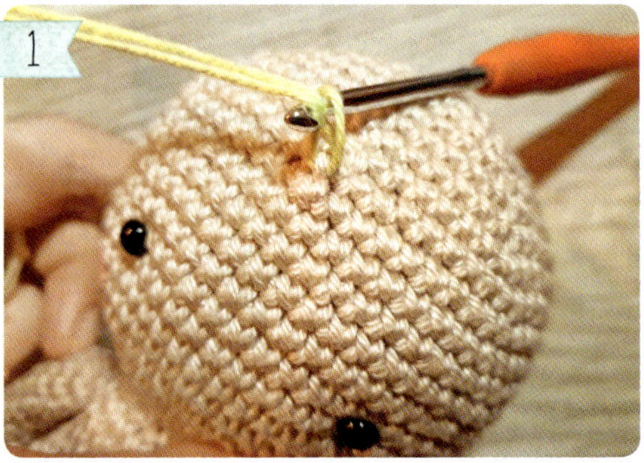

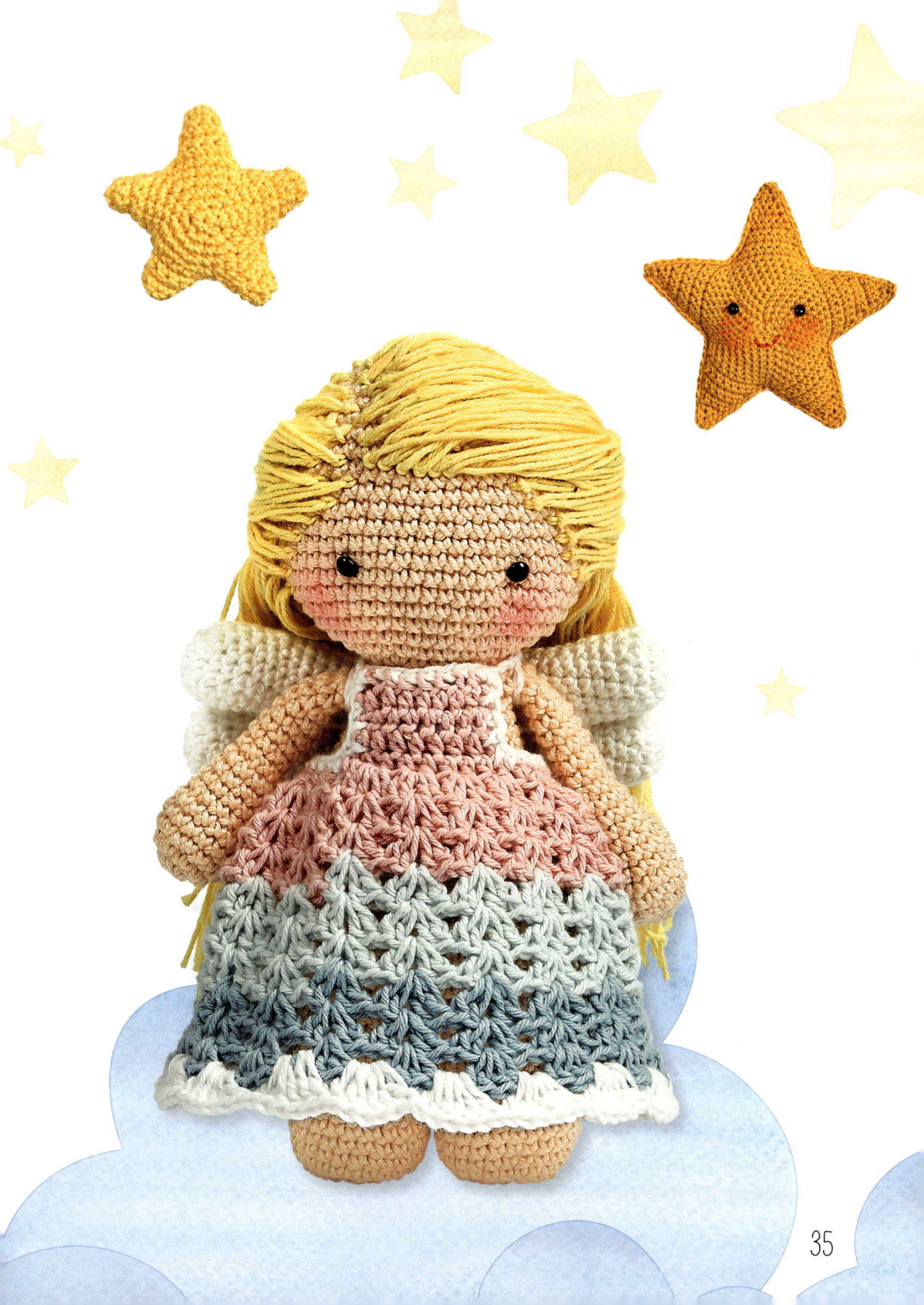

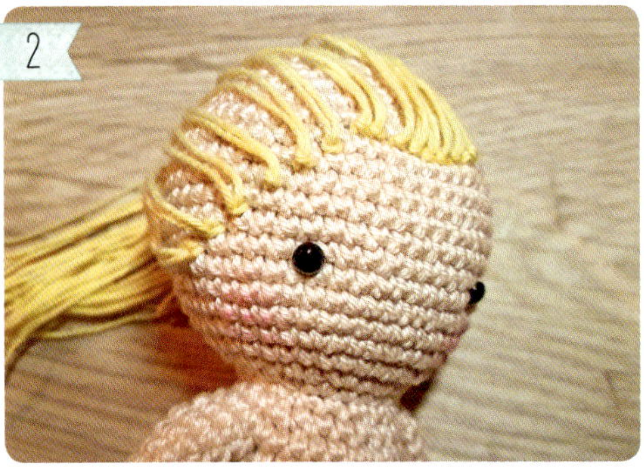

Beginne mit der Umrandung des Gesichts. Abb. 2
Arbeite dann den Scheitel und fülle zuletzt die freien Flächen Strähne für Strähne. Wenn du einige hellblaue Strähnen einarbeitest, lockert es die Haare optisch etwas auf.

FLÜGEL

Die Flügel bestehen aus zwei Teilen, die anschließend miteinander verbunden werden. Zuletzt werden noch zwei Träger angehäkelt, sodass sie dem Tamituzi wie ein Rucksack übergehängt werden können. Zu Beginn benötigst du acht Halbkugeln (vier für jeden Flügel).
Es werden fM in Spiral-Rd gehäkelt.

HALBKUGEL, GROSS (2x)

1. Rd: In Weiß 6 fM in einen Fadenring häkeln.
2. Rd: Jede M verdoppeln (= 12 M).
3.–7. Rd: Ohne Zun häkeln. Die letzte Rd mit 1 Km in die M der Rd schließen.
Das Fadenende abschneiden.

HALBKUGEL, MITTEL (2x)

1. Rd: In Weiß 6 fM in einen Fadenring häkeln.
2. Rd: Jede M verdoppeln (= 12 M).
3.–6. Rd: Ohne Zun häkeln. Die letzte Rd mit 1 Km schließen.
Das Fadenende abschneiden.

HALBKUGEL, KLEIN (2x)

1. Rd: In Weiß 6 fM in einen Fadenring häkeln.
2. Rd: Jede M verdoppeln (= 12 M).
3.–5. Rd: Ohne Zun häkeln. Die letzte Rd mit 1 Km schließen.
Das Fadenende abschneiden.

HALBKUGEL, MINI (2x)

1. Rd: In Weiß 6 fM in einen Fadenring häkeln.
2. Rd: Jede M verdoppeln (= 12 M).
3. und 4. Rd: Ohne Zun häkeln. Die letzte Rd mit 1 Km schließen.
Das Fadenende abschneiden.

FERTIGSTELLUNG

Lege die Halbkugeln der Größe nach vor dich hin (vier für jede Seite).
Knote je vier Halbkugel am unteren Rand zusammen. Abb. 3
Verbinde sie, indem du in Weiß 1 Rd fM außen, am unteren Rand, um die verbundenen Halbkugeln herumhäkelst, dabei kannst du in die M, an denen die Halbkugeln verbunden sind, nicht einstechen (= 42 M). (Die genaue M-Zahl ist nicht wichtig, häkle einfach mit deiner M-Zahl weiter.) Abb. 4

Häkle jetzt 3 Rd ohne Abn. In der nächsten Rd nimmst du jede 4. M ab (= 34 M).

Häkle 5 Rd ohne Abn. In den letzten beiden Rd nimmst du jeweils im unteren Bereich der Flügel 4 M nebeneinander ab (= 26 M). Abb. 5

Stopfe beide Flügel mit Füllwatte aus. Abb. 6

Nähe die Flügel dann in der Mitte zusammen. Abb. 7

Zum Schluss häkelst du eine Lm-Kette mit 30 Lm und nähst Anfang, Mitte und Ende deiner Kette am oberen Flügelrand fest. So entstehen die zwei Träger zum Überhängen der Flügel. Abb. 8

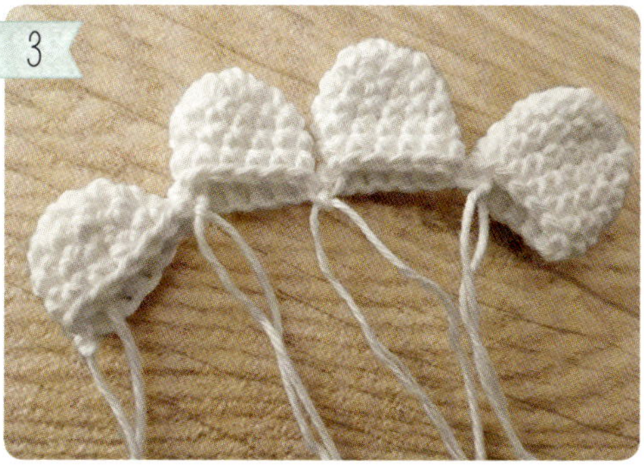
3

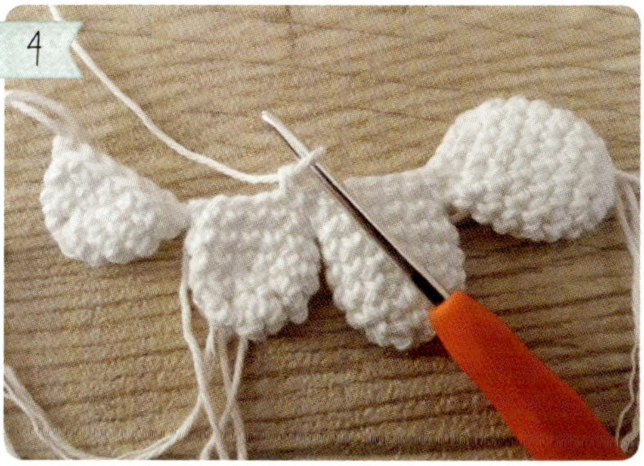
4

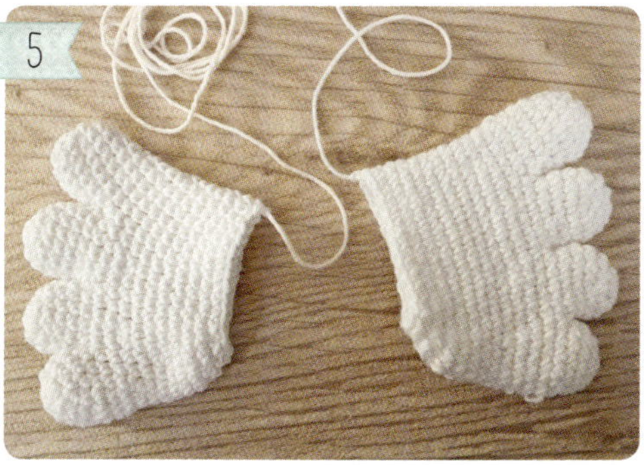
5

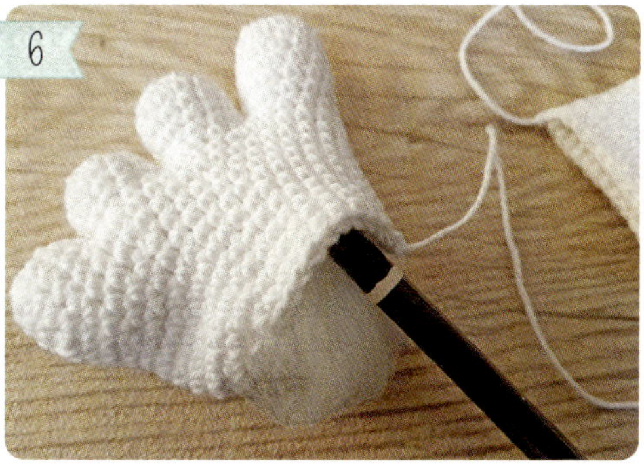
6

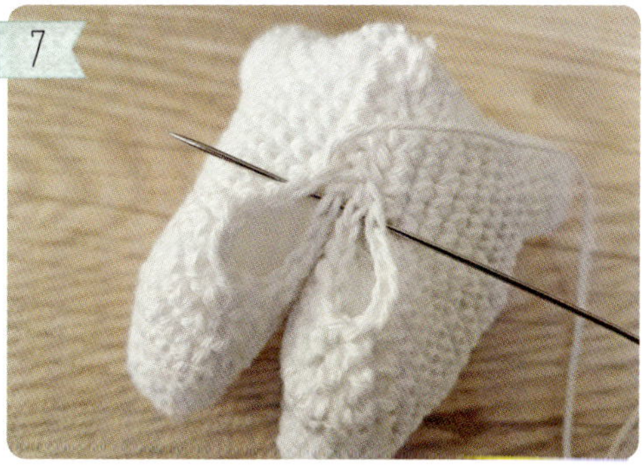
7

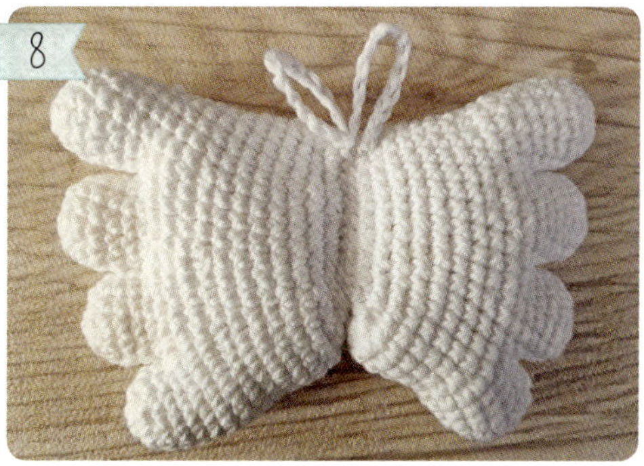
8

KLEID

Für das Kleid wird mit hStb in R begonnen, dann wird in Spiral-Rd gehäkelt, erst hStb und Stb, zuletzt 1 Rd fM. Du beginnst mit dem Latz, an diesen schließt der Rock an und zuletzt wird alles in Weiß umrandet. Dann werden noch die Träger aus Lm-Ketten angebracht.

Für den Latz in Babyrosa 9 Lm anschl.

1. R: 1 Stb in die 2. Lm von der Nd aus, je 1 Stb in jede folgende Lm (= 8 M).

2. und 3. R: Je 1 Stb in jede M häkeln (= 8 M).

Für den Rock nun direkt im Anschluss an die letzte R 30 Lm häkeln und mit 1 Km in die andere Ecke des Latzes zur Rd schließen. Abb. 9

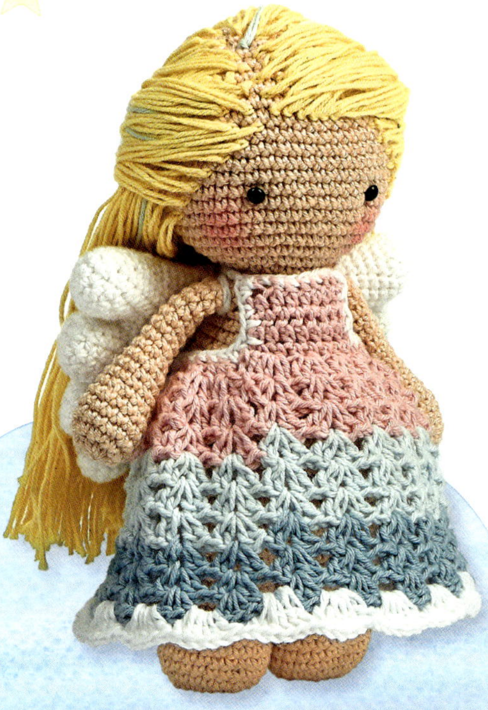

Nun wie folgt über die 30 M der Lm-Kette und die 8 M des Latzes in Spiral-Rd weiterarbeiten:

1. Rd: 1 hStb in jede M häkeln (= 38 M). Abb. 10

2. Rd: 4 Stb in die 1. M, die 2. M überspringen, * 4 Stb in die nächste M, 1 M überspringen, ab * stets wdh bis Rd-Ende. Abb. 11

3.–5. Rd: Jeweils 4 Stb In die Mitte jeder 4-Stb-Gruppe der Vor-Rd häkeln.

Farbwechsel zu Hellblau.

6.–8. Rd: Wie die 3.–5. Rd häkeln.

Farbwechsel zu Jeansblau.

9.–11. Rd: Wie die 3.–5. Rd häkeln. Abb. 12

Farbwechsel zu Weiß.

12. Rd: Jeweils 6 Stb zwischen je zwei 4-Stb-Gruppen der Vor-Rd häkeln.

Häkle weiter in Weiß entlang des oberen Rockbunds und am Rand des Latzes 1 Rd fM. Stich dabei an den oberen Ecken des Latzes jeweils 2x in eine M, so wird die Ecke schöner. Abb. 13 Die letzte Rd mit 1 Km schließen.

Das Fadenende abschneiden.

Für die beiden Träger schlingst jeweils an einer der beiden oberen Ecken des Latzes mit 1 Km an und häkelst ca. 30 Lm. Die beiden Lm-Ketten können dann im Nacken des Püppchens mit einer Schleife geschlossen werden. Abb. 14

9

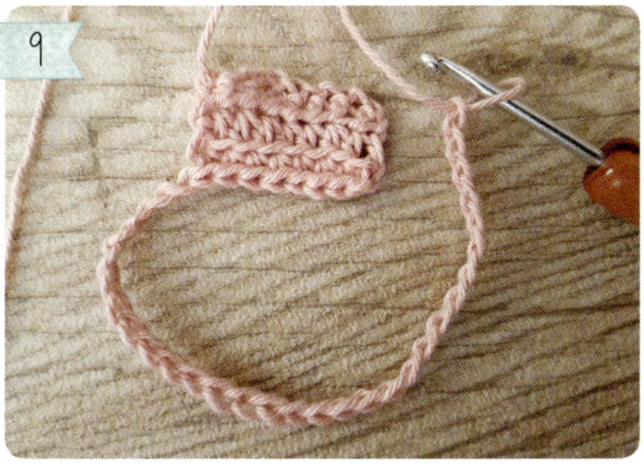

12

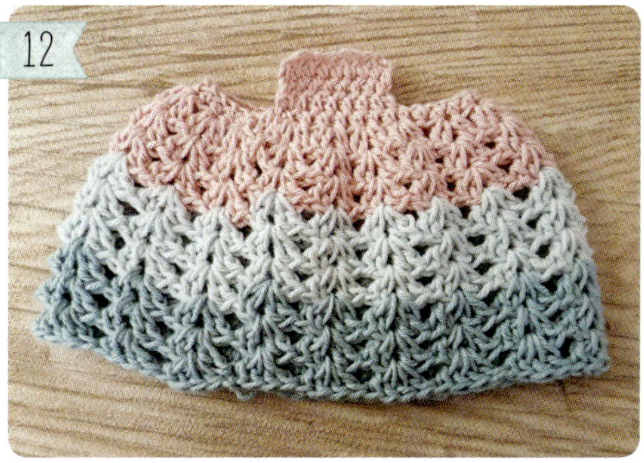

10

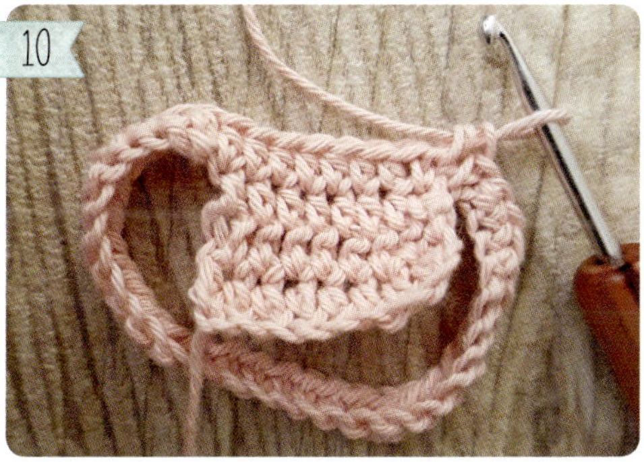

13

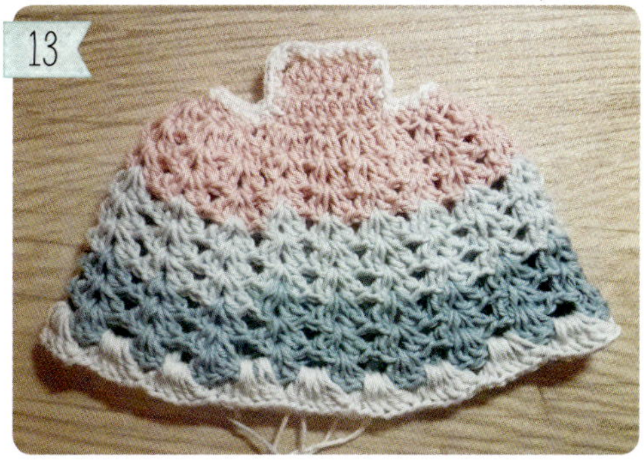

11

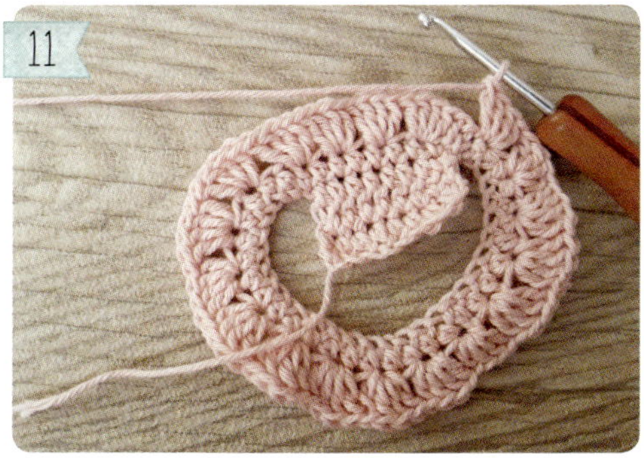

14

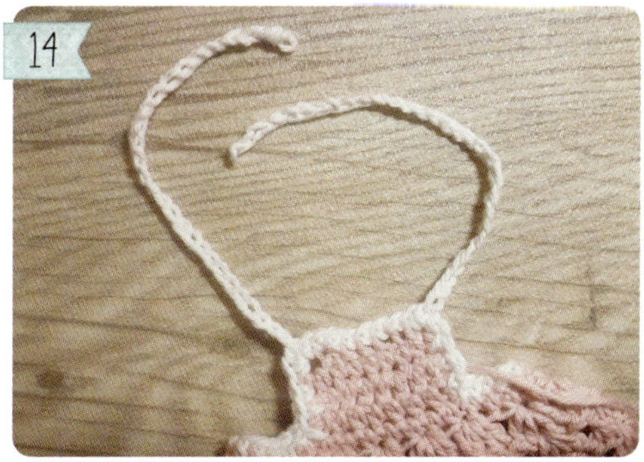

STERNE

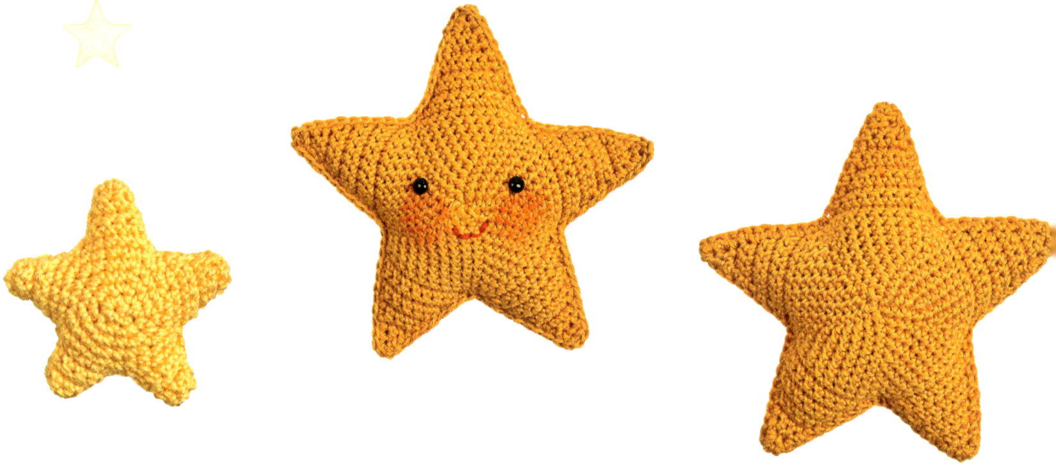

MATERIAL

FÜR DEN GROSSEN STERN

- Lana Grossa „Cotone“ (100 % Baumwolle, LL 125 m/50 g): 20 g Goldgelb (für den großen Stern)
- Garnrest in Rot
- 1 Paar Sicherheitsaugen in Schwarz, ø 5 mm
- Wangenrot oder Rouge

FÜR DEN KLEINEN STERN

- Hobbii „Rainbow Cotton 8/4“ (100 % Baumwolle, LL 170 m/50 g): 10 g Gelb

FÜR BEIDE STERNE

- Häkelnadel Nr. 3 oder 3,5
- Füllwatte
- Wollnadel zum Vernähen

Das Engelchen wird von zwei Sternen begleitet.
Beide Sterne werden nach demselben Prinzip gefertigt und können mit jedem beliebigen Garn nachgehäkelt werden!
Es wird immer mit einer Kreisform begonnen. Dazu werden zunächst fM in Spiral-Rd gehäkelt und M verdoppelt. Ist die gewünschte Größe der Kreisform erreicht, werden die Sternzacken gehäkelt. Die M-Zahl der Kreisform muss jetzt teilbar durch 5 sein, da fünf Zacken an den Kreis gehäkelt werden sollen.
Du fertigst zwei gleiche Sterne und häkelst sie am Rand zusammen, dabei stopfst du sie mit Füllwatte aus.

KLEINER STERN (2X)

1. Rd: In Gelb 6 fM in einen Fadenring häkeln.

2. Rd: Jede M verdoppeln (= 12 M).

3. Rd: Jede 2. M verdoppeln (= 18 M).

4. Rd: Jede 3. M verdoppeln (= 24 M).

5. Rd: Jede 4. M verdoppeln (= 30 M).

Häkle nun direkt im Anschluss an die letzte Rd die erste Sternzacke wie folgt:

6 fM, 1 Wende-Lm, wenden, die 1. M überspringen, 5 fM, 1 Wende-Lm, wenden, die 1. M überspringen, 4 fM häkeln und so fortfahren, bis nur noch 1 M übrig ist. Schließe mit 1 Km. Das Fadenende abschneiden. Häkle auf diese Weise nun rund um die Kreisform auch die übrigen vier Sternzacken. Lege dann die beiden Sterne links auf links aufeinander, lege alle Fadenenden nach innen und häkle beide Sterne entlang des äußeren Randes mit fM zusammen. Stopfe den Stern, bevor er komplett verschlossen ist, mit Füllwatte aus.

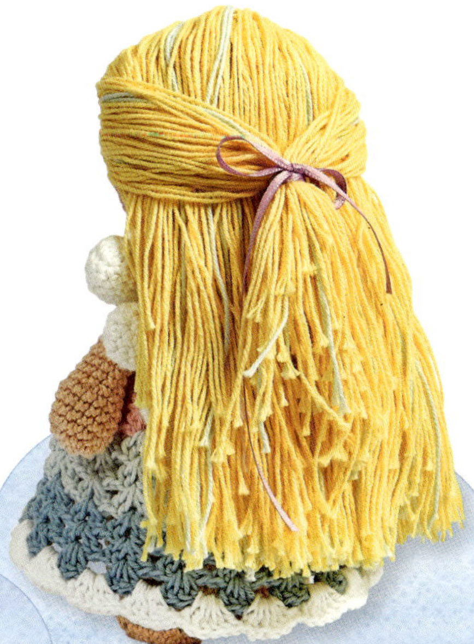

GROSSER STERN (2X)

1. Rd: In Goldgelb 5 fM in einen Fadenring häkeln.

2. Rd: Jede M verdoppeln (= 10 M).

3. Rd: Jede 2. M verdoppeln (= 15 M).

4. Rd: Jede 3. M verdoppeln (= 20 M).

5. Rd: Jede 4. M verdoppeln (= 35 M).

6. Rd: Jede 5. M verdoppeln (= 40 M).

7. Rd: Jede 6. M verdoppeln (= 45 M).

8. Rd: Jede 7. M verdoppeln (= 50 M).

Häkle nun direkt im Anschluss an die letzte Rd die erste Sternzacke wie folgt:

10 fM, 1 Wende-Lm, wenden, die 1. M überspringen, 9 fM, 1 Wende-Lm, wenden, die 1. M überspringen, 8 fM häkeln und so fortfahren, bis nur noch 1 M übrig ist.

Häkle auf diese Weise nun auch die übrigen vier Sternzacken.

Soll der Stern ein Gesicht bekommen, befestige an einem der beiden Sterne die Sicherheitsaugen. Lege dann die beiden Sterne links auf links aufeinander (dabei alle Fadenenden nach innen legen) und häkle sie entlang des äußeren Randes mit fM zusammen; stopfe dabei den Stern mit Füllwatte aus. Nun kannst du noch einen roten Mund aufsticken und etwas Wangenrot auftupfen.

TAMITUZI

Merry Muffin

DIE SÜSSE MERRY MUFFIN LIEBT ES,
LECKERE BONBONS AUS BUNTEM PAPIER ZU WICKELN.

MATERIAL

FÜR EIN TAMITUZI UND DAS KOSTÜM

- Schachenmayr „Catania" (100 % Baumwolle, LL 125 m/50 g): 30 g Soft Apricot (alternativ: Lana Grossa „Cotone", 30 g Apricot)
- Lana Grossa „Cotone" (100 % Baumwolle, LL 125 m/50 g): 20 g Rot, je 10 Weiß und Mokka
- Hobbii „Rainbow Cotton 8/4" (100 % Baumwolle, LL 170 m/50 g): ein Rest Babyrosa
- Häkelnadel Nr. 3 oder 3,5
- Füllwatte
- 1 Paar Sicherheitsaugen in Schwarz, ø 5 mm
- Wollnadel zum Vernähen
- Wangenrot oder Rouge

ARME, KÖRPER UND KOPF

Arme, Körper und Kopf in Soft Apricot wie für das Tamituzi auf Seite 12–17 beschrieben häkeln.

Das Kostüm besteht aus einem Kleid, einer Schürze und einer Muffin-Mütze.

KLEID

Es wird in Spiral-Rd gehäkelt, dabei wird am Halsausschnitt begonnen.
In Rot 36 Lm anschl und mit 1 Km in die 1. Lm zur Rd schließen.
1. Rd: 1 hStb in jede M häkeln (= 36 M).
Abb. 1

1

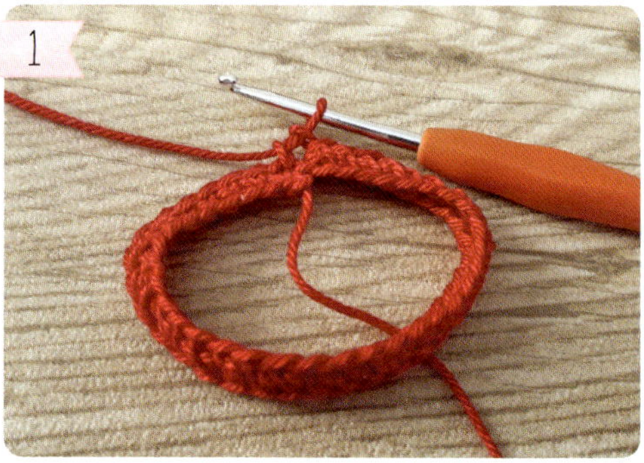

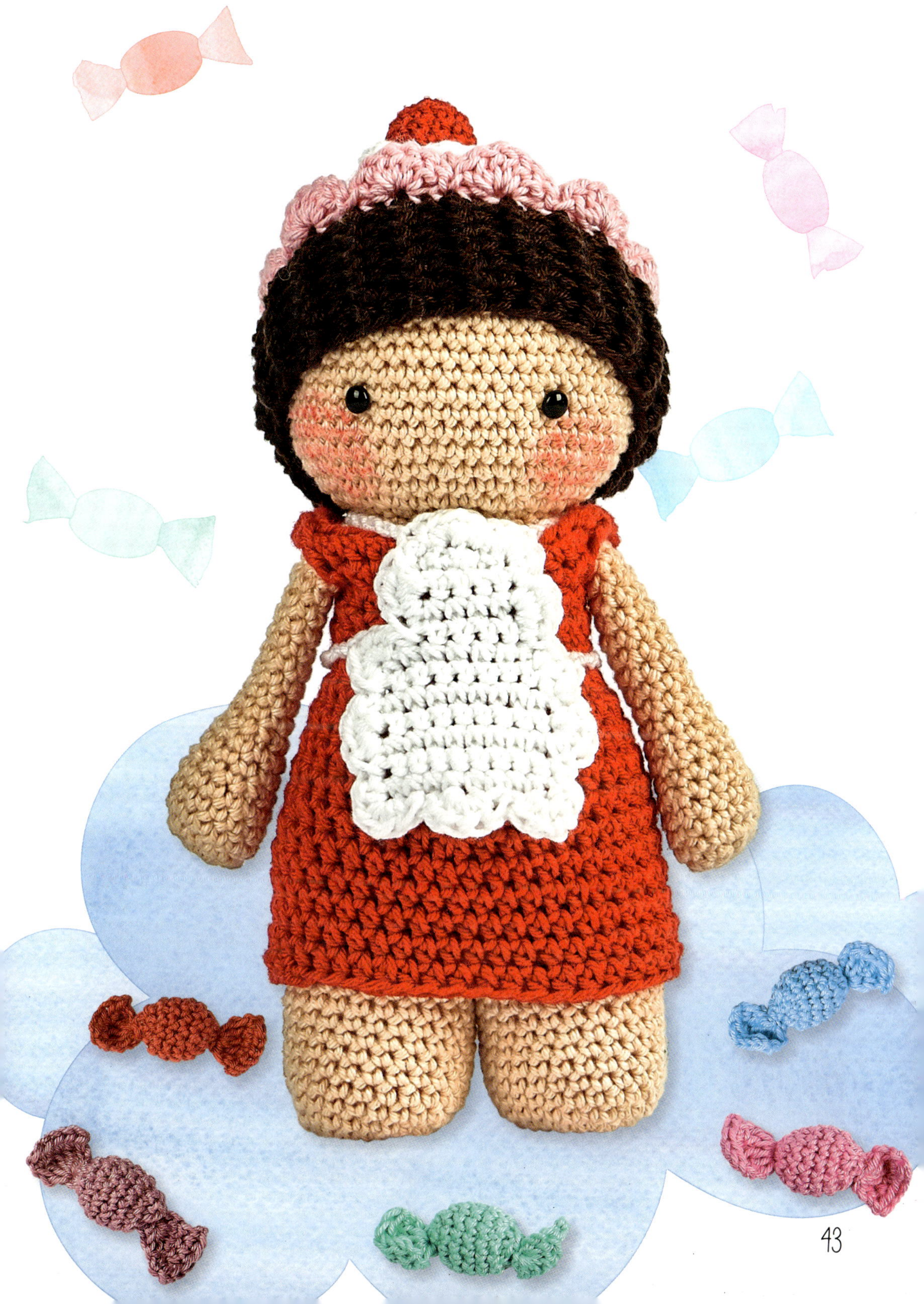

2. Rd: 2 Lm häkeln, 4 M überspringen, 1 fM in die nächste M, 12 hStb, 1 fM in die nächste M, 2 Lm, 4 M überspringen, 1 fM in die nächste M, 12 hStb, 1 fM in die letzte M. So entstehen die beiden Armausschnitte.

Abb. 2

3.–6. Rd: Nun mit hStb unterhalb der Armausschnitte weiterhäkeln, dabei auch die beiden Lm behäkeln (= 32 M). (Auf eine M mehr oder weniger kommt es nicht an, häkle einfach mit deiner M-Zahl weiter.)

Abb. 3

Weiter hStb in Spiral-Rd häkeln und dabei wie folgt zun:

7. Rd: Jede 7. M verdoppeln (= 36 M).

8.–11. Rd: Ohne Zun häkeln.

12. Rd: Jede 6. M verdoppeln (= 42 M).

13.–17. Rd: Ohne Zun häkeln. Die letzte Rd mit 1 Km in die 1. M der Rd schließen. Das Fadenende abschneiden.

SCHÜRZE

Die Schürze besteht aus zwei Rechtecken, dabei wird oben mit dem kleineren begonnen und daran wird das größere unten angeschlossen. Dafür werden fM in R gehäkelt. Am Ende jeder R eine Wende-Lm häkeln und die Arbeit wenden. Abschließend wird alles mit Stb umhäkelt und die Schürzenbänder aus Lm-Ketten angebracht.

In Weiß 5 Lm anschl.

1.–4. R: 1 fM in die 2. Lm von der Nd aus, je 1 fM in die nächsten 3 Lm (= 4 M). Am Ende der letzten R (4. R) 3 Lm häkeln (1 Wende-Lm + 2 weitere Lm) und wenden.

5. R: Die Wende-Lm bleibt unbehäkelt, je 1 fM in die nächsten 2 Lm, je 1 fM in die nächsten 4 M (= 6 M). Am Ende der R wieder 3 Lm (1 Wende-Lm + 2 weitere Lm) häkeln.

6. R: 1 fM in die 2. Lm von der Nd aus, 1 fM in die folgende Lm, je 1 fM in die nächsten 6 M (= 8 M).

7.–11. R: 1 fM in jede M (= 8 M).

Häkle nun entlang der gesamten Außenkante der Schürze jeweils 4 Stb in jede 3. M. Für die vier Schürzenbänder schlingst du an den beiden oberen Ecken des Latzes und jeweils rechts und links am Übergang vom Ober- zum Unterteil mit 1 Km an und häkelst 35 Lm. Die Schürzenbänder können auf dem Rücken der Puppe jeweils mit einer Schleife geschlossen werden.

2

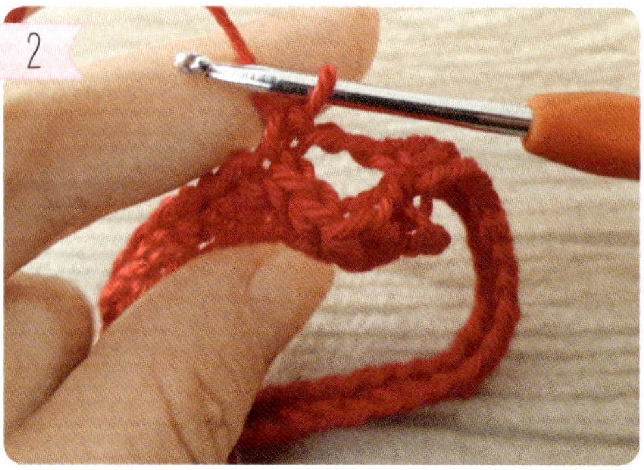

3

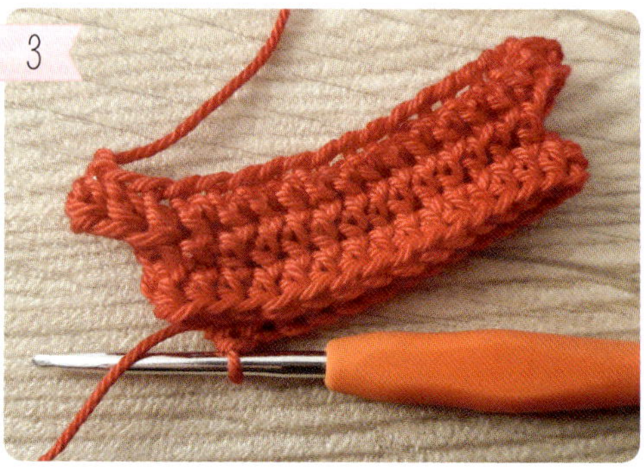

MUFFIN-MÜTZE

Für die Mütze werden hStb in Spiral-Rd gehäkelt, nur der untere Randabschluss wird mit Relief-hStb gearbeitet. Du beginnst mit dem oberen Teil in Babyrosa und arbeitest dann den Rand in Mokka. Erst danach werden separat das weiße Sahnehäubchen und die rote Kirsche gehäkelt und aufgenäht.

MÜTZE

1. Rd: In Babyrosa 8 hStb in einen Fadenring häkeln.

2. Rd: Jede M verdoppeln (= 16 M).

3. Rd: Jede 2. M verdoppeln (= 24 M).

4. Rd: Jede 3. M verdoppeln (= 32 M).

5. Rd: Jede 4. M verdoppeln (= 40 M).

6.–9. Rd: Ohne Zun häkeln.

10. Rd, vorn: Nur ins vordere M-Glied einstechen! 4 Stb in die 1. M, die 2. M überspringen, 1 Km in die 3. M, 4 Stb in die nächste M, 1 M überspringen, 1 Km in die nächste M, ab * wdh bis Rd-Ende. Abb. 4 Farbwechsel zu Mokka.

10. Rd, hinten: Den eben gehäkelten Stb-Rand etwas wegklappen. Nun ins noch unbehäkelte, hintere M-Glied der 9. Rd und zugleich in die quer liegende Schlinge unterhalb diese M-Gliedes einstechen! (Da durch zwei Glieder gearbeitet wird, erhält dieser Teil mehr Stabilität.) 1 hStb in jede M häkeln (= 40 M). Abb. 5

11.–15. Rd: 1 Relief-hStb von vorn und 1 Relief-hStb von hinten im Wechsel häkeln (= 40 M). Die letzte Rd mit 1 Km schließen. Das Fadenende abschneiden.

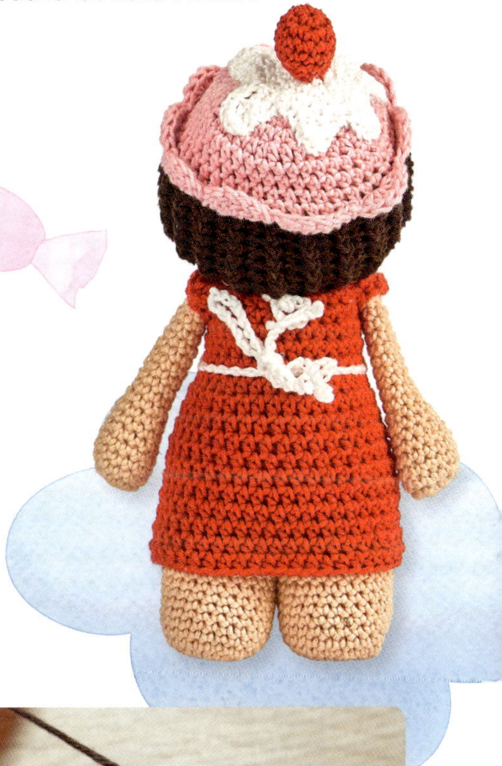

4

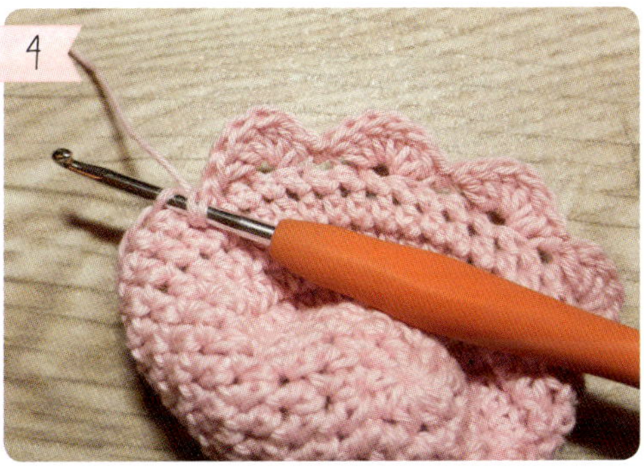

5

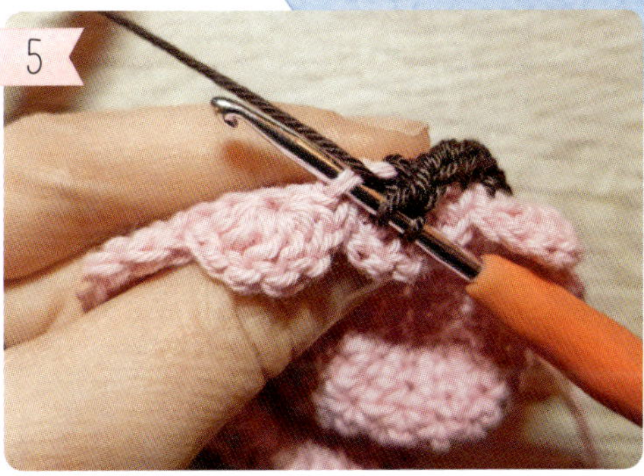

SAHNEHÄUBCHEN

Es werden fM in Spiral-Rd gehäkelt.

1. Rd: In Weiß 6 fM in einen Fadenring häkeln.

2. Rd: Jede M verdoppeln (= 12 M).

3. Rd: Jede 2. M verdoppeln (= 18 M).

4. Rd: Jede 3. M verdoppeln (= 24 M).

5. Rd: Jede 4. M verdoppeln (= 30 M).

6. Rd: 4 Lm häkeln. Abb. 6 In die 2. Lm von der Nd aus 1 fM und je 1fM in die folgenden 2 Lm, dann direkt weiter in die M des Kreise 2 fM Abb. 7 , * 3 Lm, in die 2. Lm von der Nd aus 1 fM, 1 fM in die folgende Lm, 2 fM in den Kreis, ab * wdh bis Rd-Ende. So erhältst du rund um die Kreisform herum kleine Zacken. Abb. 8

Häkle nun noch 1 Rd fM rund um den Kreis und die Zacken. Abb. 9

Die letzte Rd mit 1 Km schließen. Das Fadenende abschneiden.

Nähe nun das Sahnehäubchen auf die Mütze. Das gelingt am besten, wenn du deinem Püppchen die Mütze aufsetzt, während du nähst.

KIRSCHE

Es werden fM in Spiral-Rd gehäkelt.

1. Rd: In Rot 6 fM in einen Fadenring häkeln.

2. Rd: Jede M verdoppeln (= 12 M).

3.–5. Rd: Ohne Zun häkeln.

Die Kirsche mit etwas Füllwatte ausstopfen. Nun fortlaufend M abn, bis nur noch ein kleines Loch übrig ist, mit 1 Km schließen. Nähe dann die Kirsche auf das Sahnehäubchen.

6

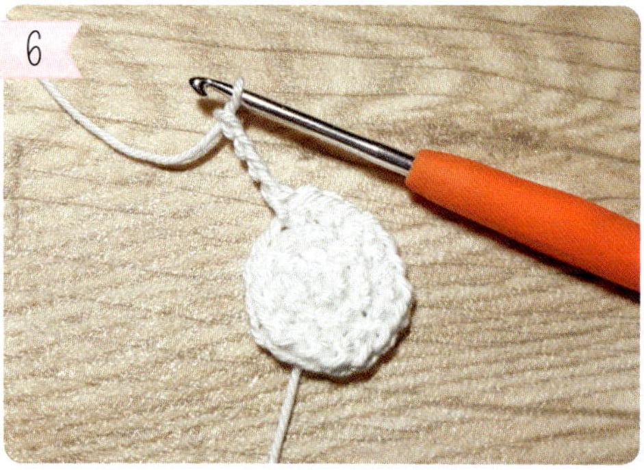

8

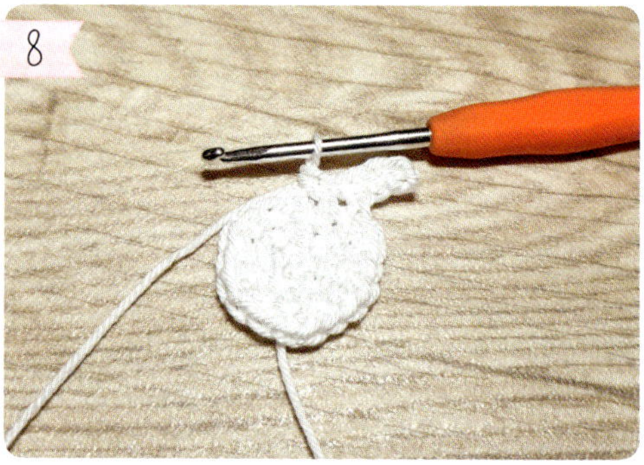

7

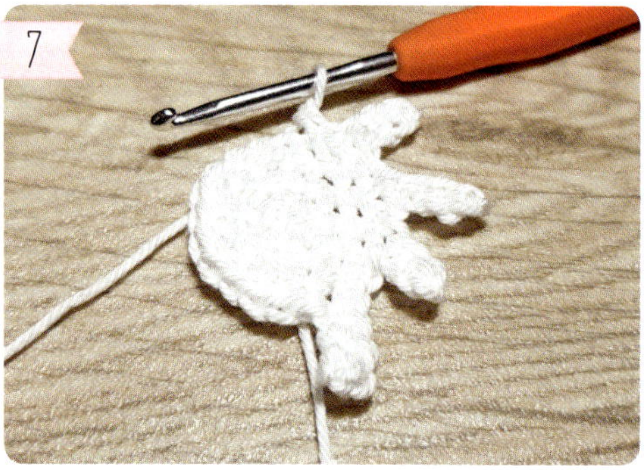

9

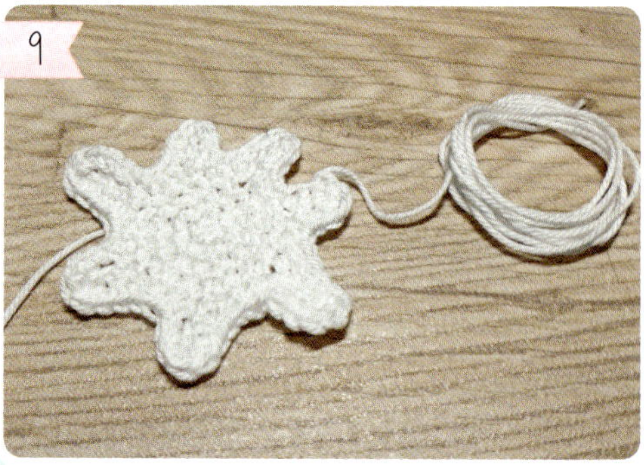

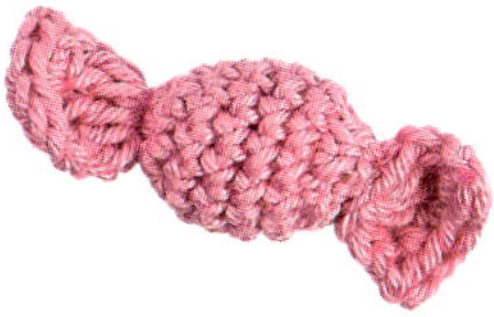

BONBONS

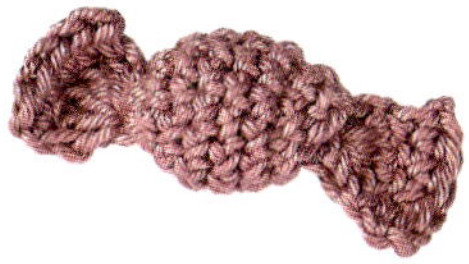

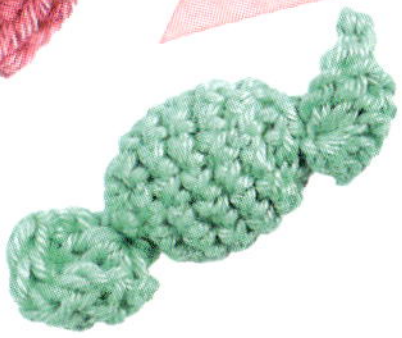

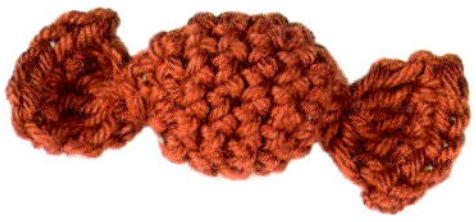

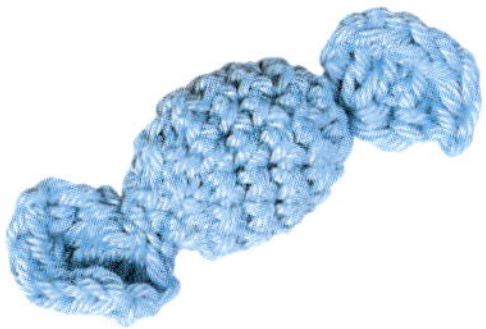

MATERIAL

- Lana Grossa „Cotone" (100 % Baumwolle, LL 125 m/50 g): Reste in verschiedenen Farben (z. B. Nelke, Türkis, Weinrot, Blau und Altrosa)
- Häkelnadel Nr. 3,0 oder 3,5
- Füllwatte
- Wollnadel zum Vernähen

Wo Merry Muffin auftaucht, hat sie immer bunte Bonbons dabei!
Ein Bonbon besteht aus drei Teilen: einem Oval in der Mitte und zwei Dreiecken rechts und links. So viele Bonbons wie gewünscht in verschiedenen Farben häkeln.

OVAL

Es werden fM in Spiral-Rd gehäkelt.
1. Rd: 6 fM in einen Fadenring häkeln.
2. Rd: Jede M verdoppeln (= 12 M).
3.–6. Rd: Ohne Zun häkeln.
Das Oval mit etwas Füllwatte ausstopfen. Fortlaufend M abn, bis nur noch ein kleines Loch übrig ist, mit 1 Km schließen. Den Faden vernähen. Abb. 10

DREIECK (2x)

Lass deinen Anfangsfaden gleich etwas länger, mit diesem kannst du die Ecke jeweils am Bonbon festnähen.
1. R: 5 Stb in einen Fadenring häkeln, 1 Wende-Lm häkeln, wenden.
2. R: je 1 Stb in jedes Stb (= 5 M). Abb. 11
Faden vernähen.
Nähe abschließend die Dreiecke mit den Anfangsecken rechts und links an das Bonbon.

10

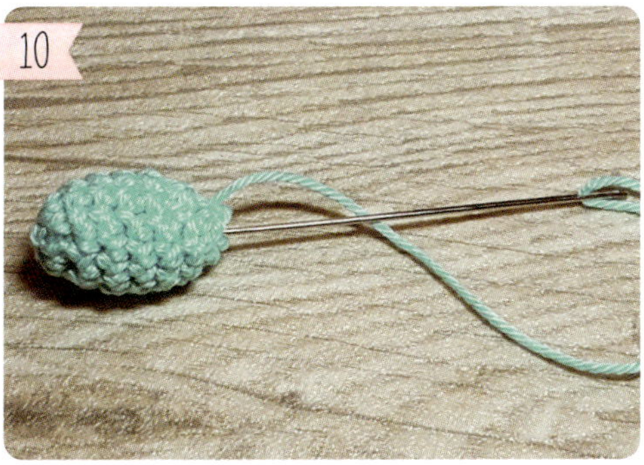

11

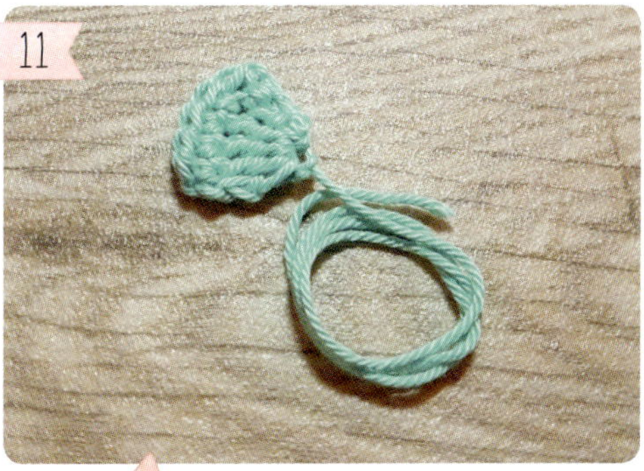

TAMITUZI

Erika Eiscreme

FÜR DIE COOLE ERIKA EISCREME GIBT ES NICHTS SCHÖNERES ALS EINE KUGEL EIS MIT KIRSCHGESCHMACK.

MATERIAL

FÜR EIN TAMITUZI UND DAS KOSTÜM

- Schachenmayr „Catania" (100 % Baumwolle, LL 125 m/50 g): 30 g Soft Apricot (alternativ: Lana Grossa „Cotone", 30 g Apricot)
- Lana Grossa „Cotone" (100 % Baumwolle, LL 125 m/50 g): je 10 g Rot, Nachtblau, Weiß und Karamell
- Hobbii „Rainbow Cotton 8/4" (100 % Baumwolle, LL 170 m/50 g): je ein Rest Hellgrün, Dunkelgrün und Pfirsich
- Häkelnadel Nr. 3 oder 3,5
- Füllwatte
- 1 Paar Sicherheitsaugen in Schwarz, ø 5 mm
- Wollnadel zum Vernähen
- Wangenrot oder Rouge

ARME, KÖRPER UND KOPF

Arme, Körper und Kopf in Soft Apricot wie für das Tamituzi auf Seite 12–17 beschrieben häkeln.

Das Kostüm besteht aus einem Badeanzug und einer Eis-Mütze.

BADEANZUG

Der Badeanzug wird von unten nach oben gearbeitet.
Es werden fM in Spiral-Rd gehäkelt.

BEINAUSSCHNITTE (2x)

In Nachtblau 26 Lm anschl, mit 1 Km in die 1. Lm zur Rd schließen.
Die beiden Ringe liegen nun wie eine „8" vor dir, sie ergeben die Beinöffnungen. Abb. 1

1
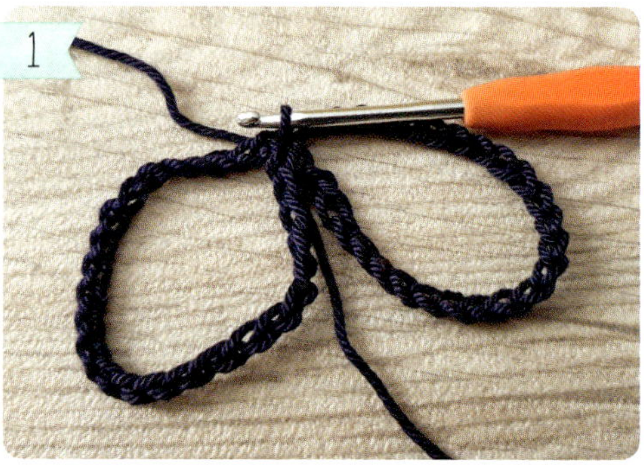

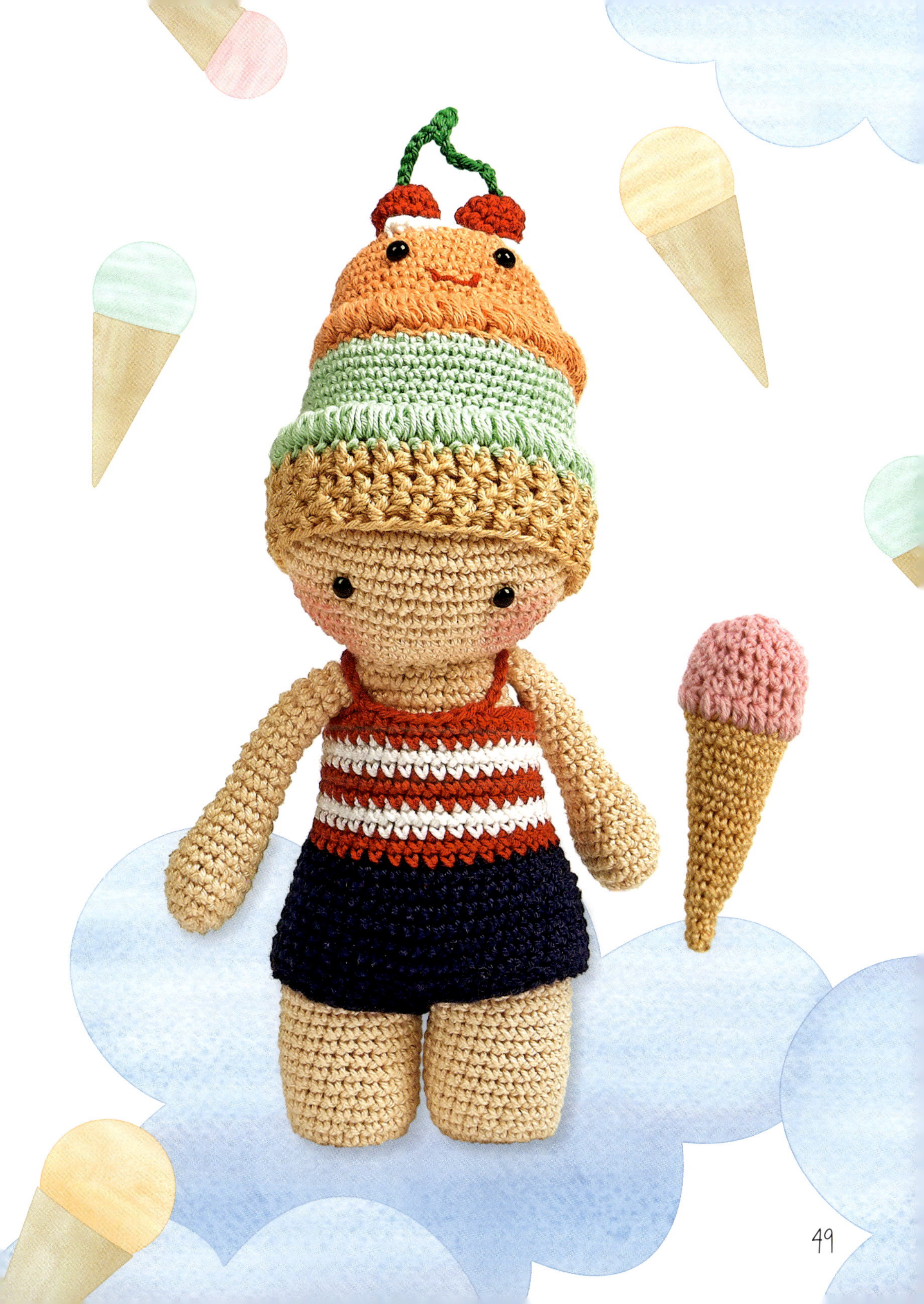

ZUSAMMENSCHLUSS

Häkle nun beide Ringe mit 4 fM zusammen. Abb. 2

Häkle direkt weiter 1 Rd fM außen um beide Beine herum. Dabei solltest du in die Verbindungsstellen der Beine vorn und hinten auch je 1 M arbeiten. Diese 1. Rd nach Zusammenschluss hat nun 46 M. Es macht aber nichts, wenn du ein paar M mehr oder weniger hast – arbeite einfach mit deiner M-Zahl weiter. Abb. 3

2. Rd: fM häkeln, dabei direkt nebeneinander 2 M vorn und 2 M hinten im „Schritt" verdoppeln (= 50 M). (Hast du eine andere M-Zahl, dann nimm so viele M im Bereich des Schritts zu, dass du am Rd-Ende 50 M hast.)

3.–7. Rd: Ohne Zun häkeln.

8. Rd: Jede 6. M abn (= 43 M).

9. Rd: Ohne Abn häkeln.

Farbwechsel: Ab jetzt 2 Rd in Rot und 2 Rd in Weiß im Wechsel häkeln.

10. Rd: Jede 5. M abn (= 36 M).

11.–19. Rd: Ohne Abn häkeln. Abb. 4

Die letzte Rd mit 1 Km in die 1. M der Rd schließen. Fadenende abschneiden.

Für die beiden Träger schlingst jeweils am oberen Rand des Badeanzugs mit 1 Km an und häkelst ca. 40 Lm. Abb. 5

Die beiden Lm-Ketten können dann im Nacken des Püppchens mit einer Schleife geschlossen werden.

2

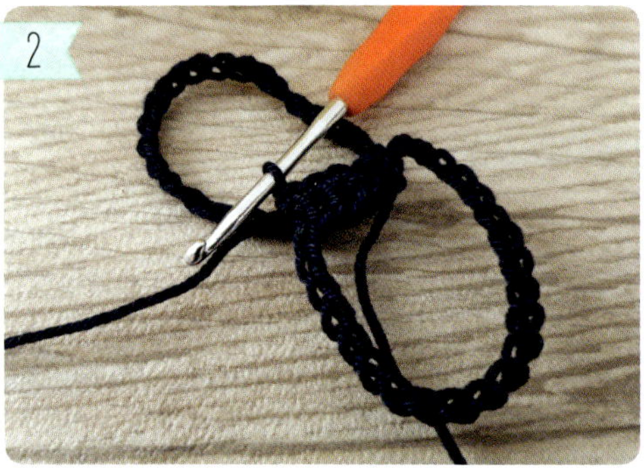

4

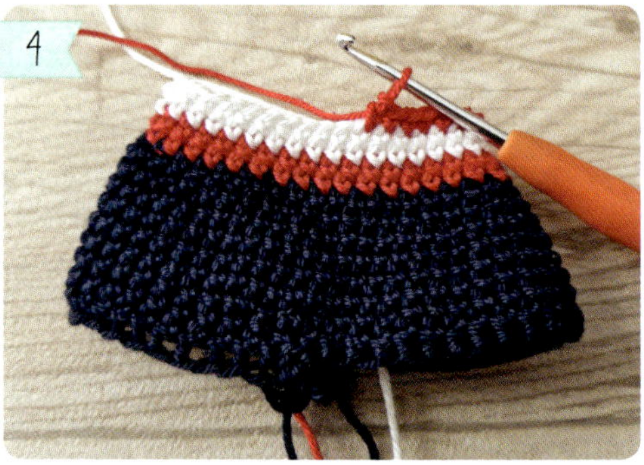

3

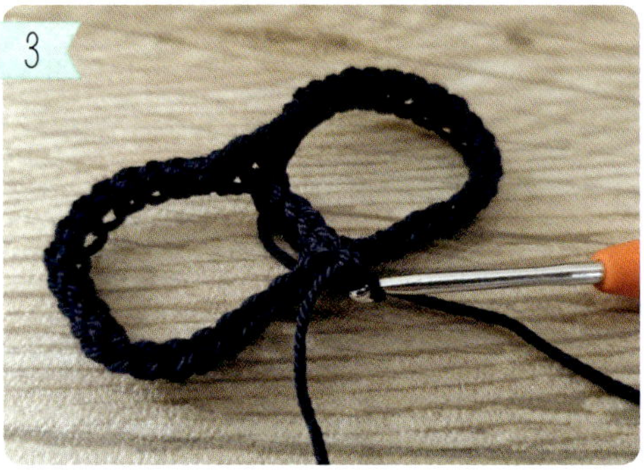

5

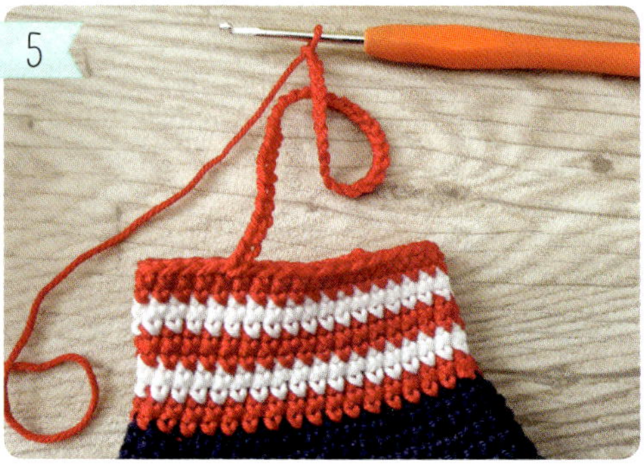

EIS-MÜTZE

Die Eis-Mütze mit der hellgrünen „Eiskugel" beginnen, direkt an diese wird der „Waffelrand" in Karamell angeschlossen. Danach werden die „Eiskugel" in Pfirsich, das weiße Sahnehäubchen und die roten Kirschen separat gearbeitet und dann aufgenäht.

HELLGRÜNE EISKUGEL

Es werden zunächst fM in Spiral-Rd gehäkelt, dann Büschel-M, hStb und schließlich Relief-hStb.

1. Rd: In Hellgrün 6 fM in einen Fadenring häkeln.

2. Rd: Jede M verdoppeln (= 12 M).

3. Rd: Jede 2. M verdoppeln (= 18 M).

4. Rd: Jede 3. M verdoppeln (= 24 M).

5. Rd: Jede 4. M verdoppeln (= 30 M).

6. Rd: Jede 5. M verdoppeln (= 36 M).

7. Rd: Jede 6. M verdoppeln (= 42 M).

8. Rd: Jede 7. M verdoppeln (= 48 M).

9.–16. Rd: Ohne Zun häkeln.

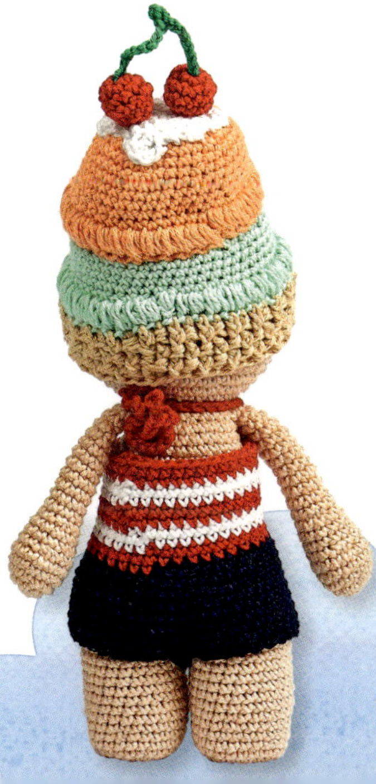

17. Rd: 1 Büschel-M in jede M häkeln. Für die Büschel-M * 1 Umschlag auf die Nd nehmen, in die M einstechen und den Faden durchholen, ab * noch 1 x wdh, dann die Schlingen etwas lang ziehen, den Faden erneut holen und durch alle 5 Schlingen auf der Nadel ziehen. Die Büschel-M mit 1 Lm fixieren. Abb. 6

Farbwechsel zu Karamell.

18. Rd: 1 hStb in jede M häkeln (= 48 M). Abb. 7

19. Rd: 1 Relief-hStb von vorn und 1 Relief-hStb von hinten im Wechsel häkeln.

20. Rd: Nun versetzt häkeln: In jedes Relief-hStb von vorn 1 Relief-hStb von hinten und in jedes Relief-hStb von hinten 1 Relief-hStb von vorn arbeiten.

6

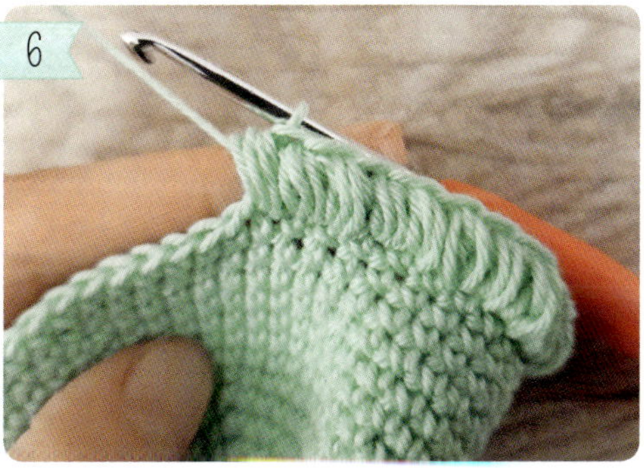

7

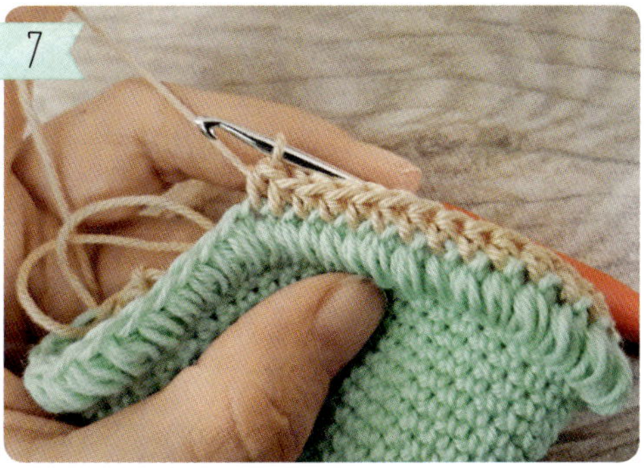

EXTRA-EISKUGEL

Es werden fM in Spiral-Rd gehäkelt.

1. Rd: In Pfirsich 6 fM in einen Fadenring häkeln.

2. Rd: Jede M verdoppeln (= 12 M).

3. Rd: Jede 2. M verdoppeln (= 18 M).

4. Rd: Jede 3. M verdoppeln (= 24 M).

5. Rd: Jede 4. M verdoppeln (= 30 M).

6. Rd: Jede 5. M verdoppeln (= 36 M).

7.–12. Rd: Ohne Zun häkeln.

13. Rd: 1 Büschel-M in jede M häkeln. Die Büschel-M wie bei der hellgrünen Eiskugel (17. Rd) arbeiten.

Setze dem Püppchen die Eis-Mütze auf und nähe die Extra-Kugel oben darauf. Stopfe sie dabei mit Füllwatte aus, bevor du die Naht ganz geschlossen hast.

8

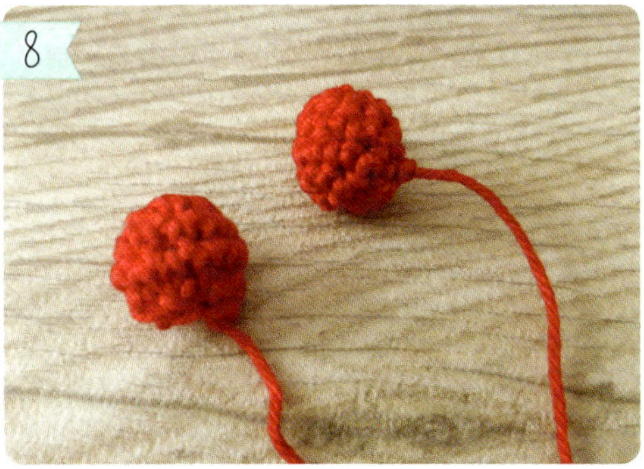

SAHNEHÄUBCHEN

Häkle das Sahnehäubchen wie bei Merry Muffin auf Seite 46 beschrieben.

Nähe es dann oben auf der Extra-Kugel fest.

KIRSCHE (2x)

Es werden fM in Spiral-Rd gehäkelt.

1. Rd: In Rot 5 fM in einen Fadenring häkeln.

2. Rd: Jede M verdoppeln (= 10 M).

3. und 4. Rd: Ohne Zun häkeln.

Stopfe etwas Füllwatte hinein, nimm nun fortlaufend M ab, bis nur noch ein kleines Loch übrig ist. Abb. 8

Nähe die Kirschen dann oben auf das Sahnehäubchen.

Für den Stengel schlingst oben an einer Kirsche mit 1 Km an. Abb. 9

Nun häkelst du 10 Lm. Dann häkelst du in die 1. und 2. Lm von der Nd aus je 1 fM und dann weitere 8 Lm. Abb. 10

Das Fadenende nähst du oben an der zweiten Kirsche fest.

9

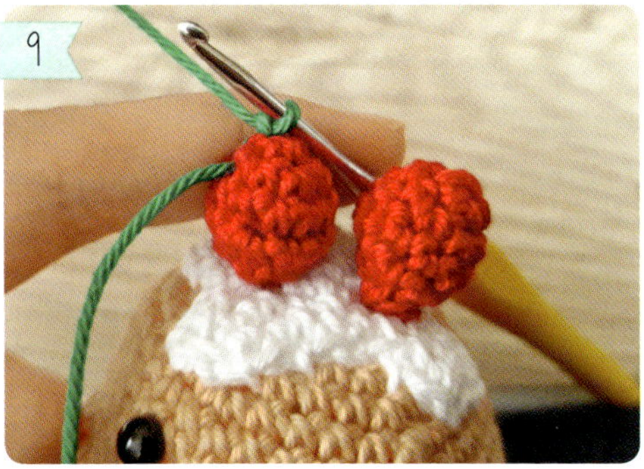

10

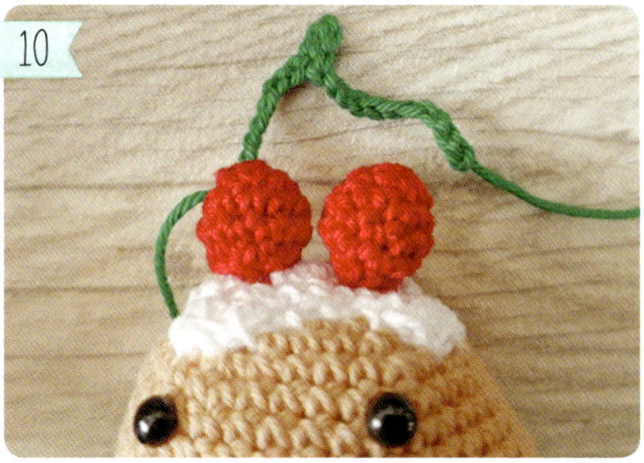

WAFFELEIS

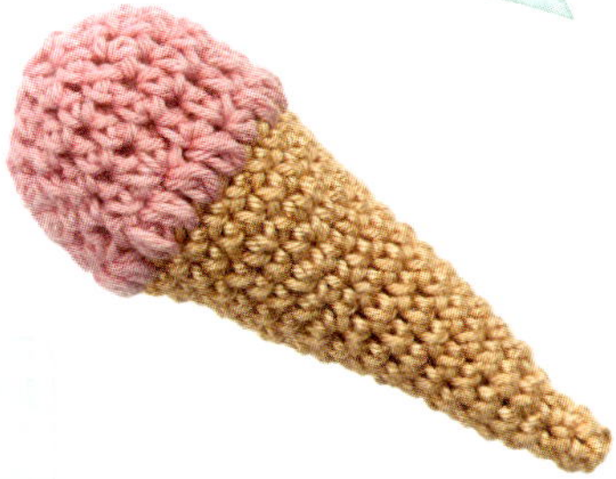

MATERIAL

- Lana Grossa „Cotone" (100 % Baumwolle, LL 125 m/50 g): 10 g Karamell
- Hobbii „Rainbow Cotton 8/4" (100 % Baumwolle, LL 170 m/50 g): ein rest Babyrosa
- Häkelnadel Nr. 3 oder 3,5
- Füllwatte
- Wollnadel zum Vernähen

Erika Eiscreme wird von einem Waffeleis begleitet.
Das Waffeleis wird in Spiral-Rd von unten nach oben gehäkelt, erst mit fM, dann mit hStb.

1. Rd: In Karamell 4 fM in einen Fadenring häkeln.
2. Rd: fM ohne Zun häkeln (= 4 M).
3.–18. Rd: Jeweils die 1. M der Rd verdoppeln (= 20 M).
Farbwechsel zu Babyrosa.
19. Rd: 1 Büschel-M in jede M häkeln. Die Büschel-M wie bei der hellgrünen Eiskugel (17. Rd) angegeben arbeiten. Abb. 11
20. Rd: hStb häkeln, dabei jede 5. M verdoppeln (= 25 M).
21. Rd: hStb ohne Zun häkeln.
22. Rd: hStb häkeln, dabei jede 4. M abn (= 20 M).
23. Rd: hStb häkeln, jede 4. M abn (= 16 M).
Nun das Eis mit Füllwatte ausstopfen.
24. Rd: hStb häkeln, dabei jede 2. M abn (= 11 M).
Nimm nun fortlaufend M ab, bis nur noch ein kleines Loch übrig ist, mit 1 Km schließen und das Fadenende abschneiden und vernähen.

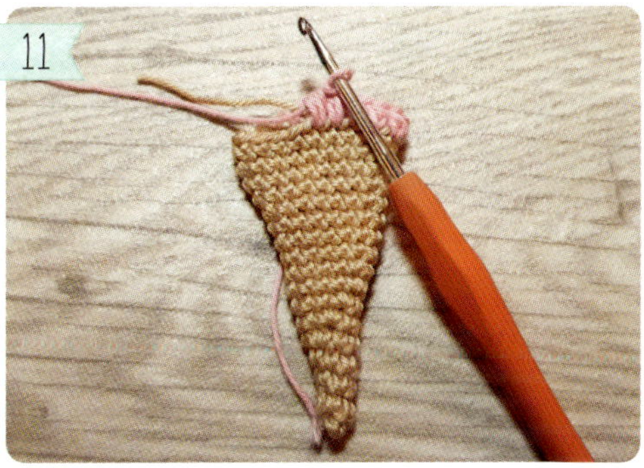
11

MIMITUZI

Rokko Regenbogen

DAS MIMITUZI ROKKO REGENBOGEN
LIEBT EINFACH ALLE SCHÖNEN DINGE DES LEBENS.

MATERIAL

FÜR EIN MIMITUZI UND DAS KOSTÜM

- Lana Grossa „Cotone" (100 % Baumwolle, LL 125 m/50 g): 20 g Gelb und 10 g Apricot und je ein Rest Türkis, Smaragd, Rot, Violett und Kürbis
- Garnrest in Schwarz
- evtl. Maschenmarkierer
- Füllwatte
- Häkelnadel Nr. 3 oder 3,5 (Kostüm jeweils mit gleicher Nadelstärke häkeln)
- Wollnadel zum Vernähen
- Wangenrot oder Rouge

1

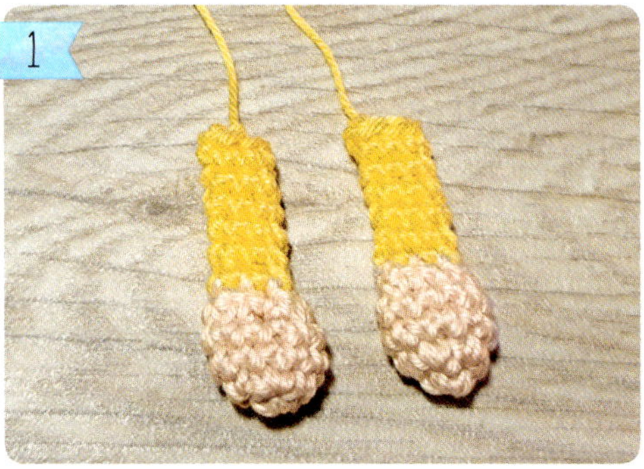

ARME, KÖRPER UND KOPF

Arme, Körper und Kopf wie für das Mimituzi auf Seite 18–20 beschrieben häkeln, dabei den Körper in Gelb arbeiten, nur den Kopf und die ersten 5 Rd der Arme in Apricot. Abb. 1
Die Augen mit etwas schwarzem Garn gemäß Foto aufsticken.

Als Kostüm bekommt das Mimituzi noch eine Regenbogen-Applikation und eine Zipfelmütze.

REGENBOGEN-APPLIKATION

Es werden fM in R gehäkelt. Dabei am Ende jeder R 1 Wende- Lm arbeiten und die Arbeit wenden.
6 Lm in Rot anschl.
1. R: In Kürbis 1 fM in die 2. Lm von der Nd aus, dann je 1 fM in die nächsten 4 M (= 5 M).
2. R: In Gelb jede M verdoppeln (= 10 M).
3. R: In Smaragd jede 2. M verdoppeln (= 15 M).
4. R: In Türkis jede 3. M verdoppeln (= 20 M).

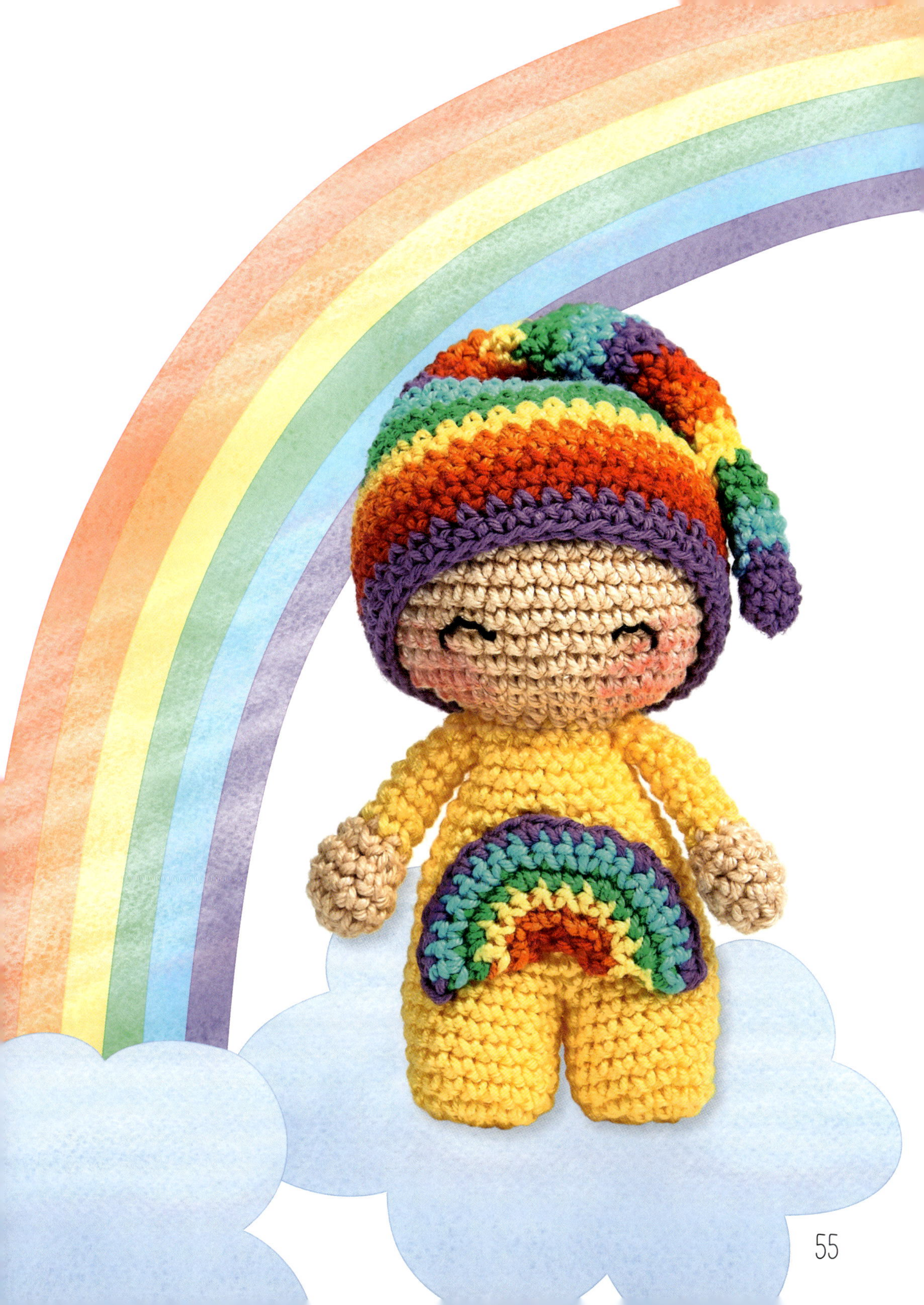

5. R: In Violett jede 4 M verdoppeln (= 25 M). Abb. 2

Die Fadenenden vernähen und den Regenbogen auf den Bauch des Püppchens nähen.

ZIPFELMÜTZE

Für die Zipfelmütze werden fM in Spiral-Rd gehäkelt.

1. Rd: In Violett 6 fM in einen Fadenring häkeln.

Ab jetzt * je 2 Rd in Violett, Türkis, Smaragd, Gelb, Kürbis und Rot arbeiten, ab * wdh, bis die gewünschte Rd-Zahl erreicht ist.

2.–7. Rd: Ohne Zun häkeln (= 6 M).

8. Rd: Jede 3. M verdoppeln (= 8 M).

9.–13. Rd: Ohne Zun häkeln.

14. Rd: Jede 4. M verdoppeln (= 10 M).

15.–18. Rd: Ohne Zun häkeln.

19. Rd: Jede 3. M verdoppeln (= 13 M).

20. Rd: Ohne Zun häkeln.

21. Rd: Jede 3. M verdoppeln (= 17 M).

22. Rd: Ohne Zun häkeln.

23. Rd: Jede 3. M verdoppeln (= 22 M).

24. Rd: Ohne Zun häkeln.

25. Rd: Jede 3. M verdoppeln (= 29 M).

26. Rd: Ohne Zun häkeln.

27. Rd: Jede 3. M verdoppeln (= 38 M).

Nun noch 8–10 Rd ohne Zun häkeln. Abb. 3

Während des Häkelns die Passform an der Puppe überprüfen, der untere Mützenrand soll knapp über den Augen enden. Die letzte Rd mit 1 Km in die 1. M der Rd schließen. Das Fadenende vernähen.

Nach Fertigstellung der Mütze kannst du den Zipfel mit 1–2 Stichen an der Mütze befestigen.

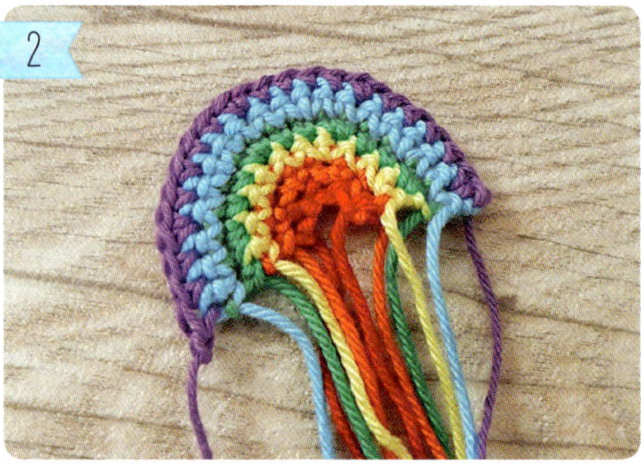

2

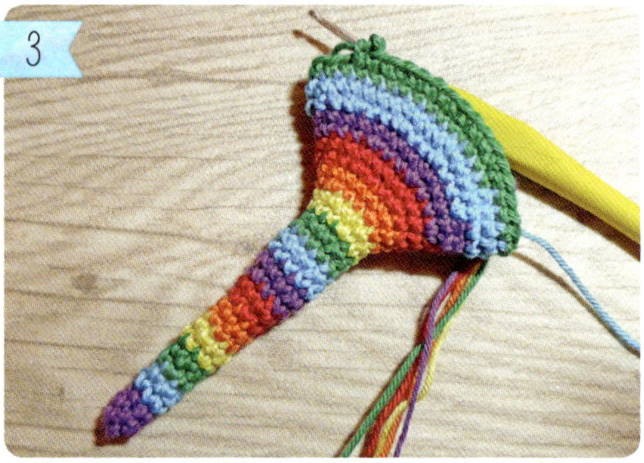

3

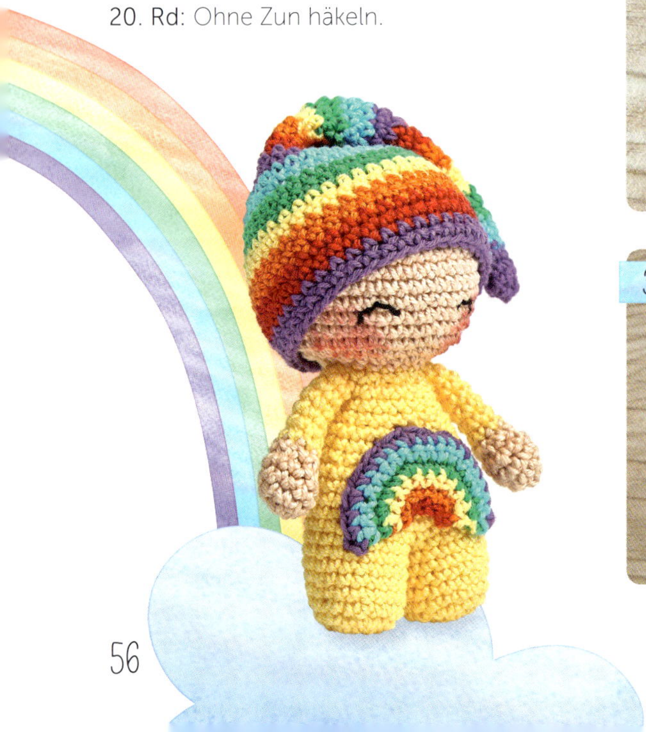

ABKÜRZUNGEN

abn/Abn – abnehmen/Abnahme(n)
anschl – anschlagen
fM – feste Masche(n)
hStb – halbe(s) Stäbchen
Km – Kettmasche(n)
LL – Lauflänge
Lm – Luftmasche(n)
M – Masche(n)
Nd – Nadel
R – Reihe(n)
Rd – Runde(n)
Stb – Stäbchen
wdh – wiederholen
zun/Zun – zunehmen/Zunahme(n)

GRUNDKURS HÄKELN

Luftmaschenanschlag

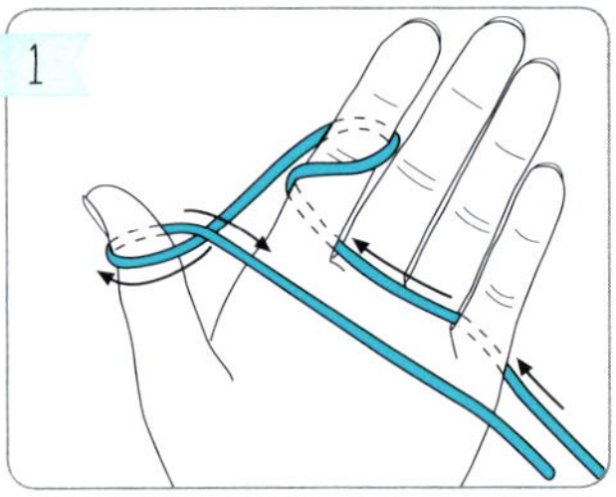

Den Faden wie im Bild gezeigt um die linke Hand legen.

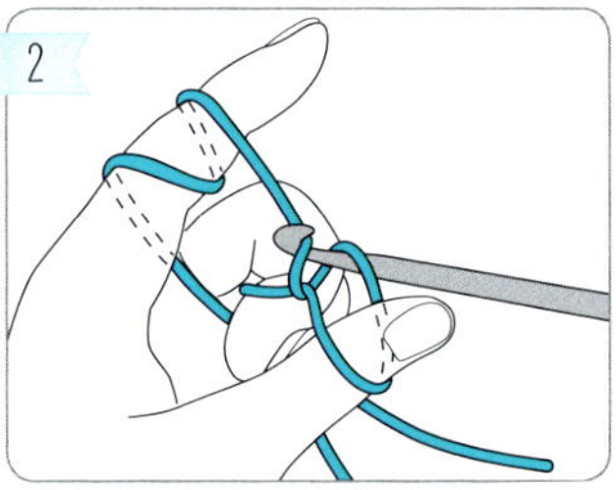

Die Nadel von unten in die Daumenschlinge schieben. Den Faden erfassen und durchziehen. Daumen aus der Schlinge nehmen. Der Anschlagsknoten und eine Schlinge sind fertig.

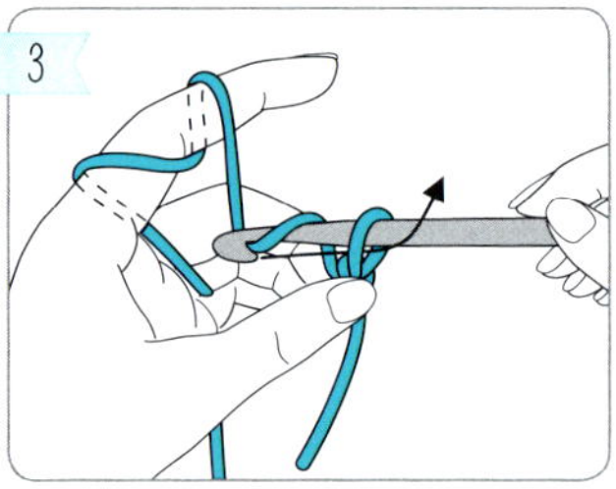

Den Anschlagsknoten mit Daumen und Mittelfinger halten, den Faden vom Zeigefinger mit der Nadel erfassen und durch die Schlinge ziehen. Die 1. Luftmasche ist fertig. Wiederholen, bis die gewünschte Luftmaschenzahl erreicht ist.

Fadenring

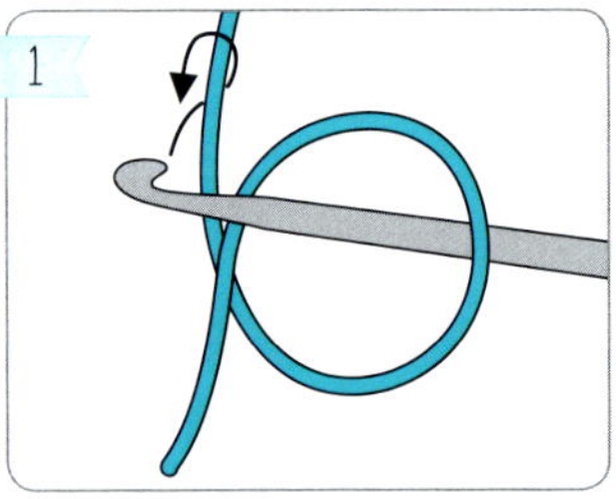

Den Faden zu einer Schlinge legen, sodass sich die Fäden kreuzen. Dabei das Fadenende zwischen Zeigefinger und Daumen halten. Die Häkelnadel durch die Schlinge führen und den Faden um die Nadel legen und den Umschlag durchziehen. Nicht festziehen!

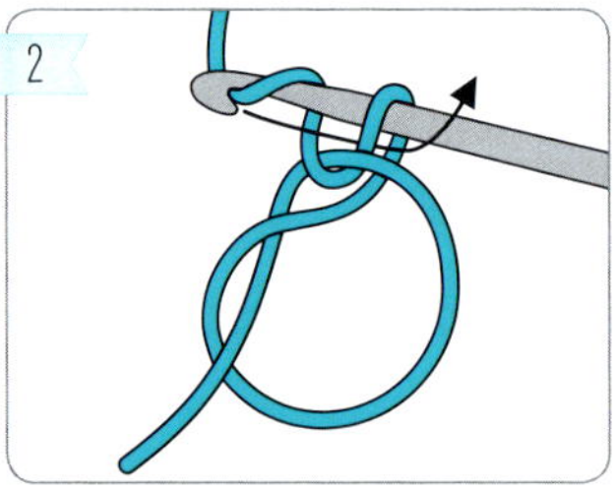

Den Arbeitsfaden um den linken Zeigefinger legen und den Kreuzungspunkt des Ringes festhalten, 1 Umschlag durch die Schlinge auf der Nadel ziehen (= 1 Luftmasche). Nun den Ring wie in der Anleitung angegeben behäkeln. Ist die gewünschte Maschenzahl für die 1. Runde erreicht, durch Ziehen am Fadenende die Größe des Ringes verringern.

Kettmasche

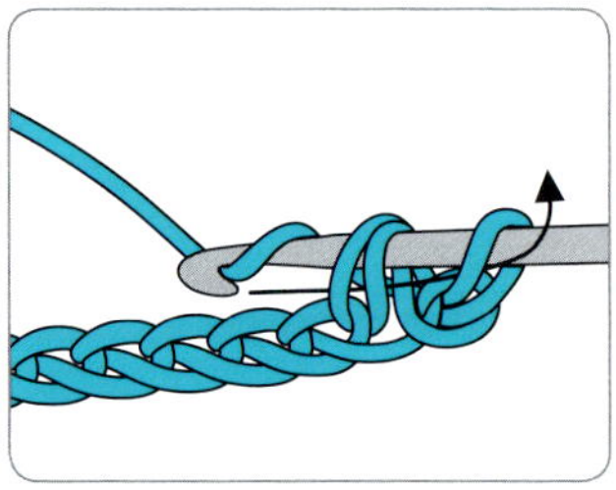

In die vorgesehene Masche einstechen, den Faden um die Nadel legen und diesen Umschlag durch alle Schlingen auf der Nadel ziehen.

Feste Masche

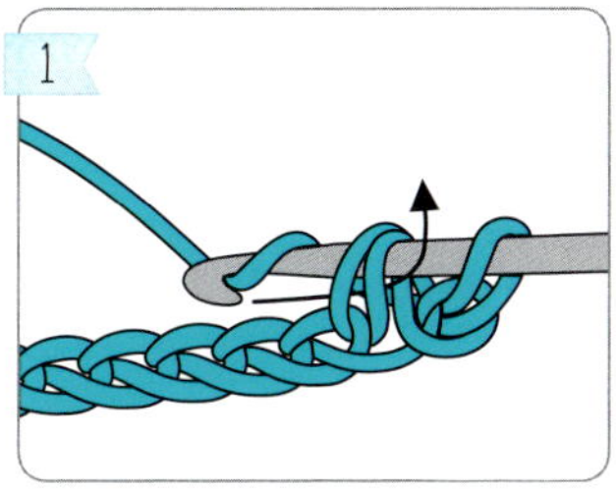

In die vorgesehene Masche einstechen und den Faden von hinten nach vorn um die Nadel legen ...

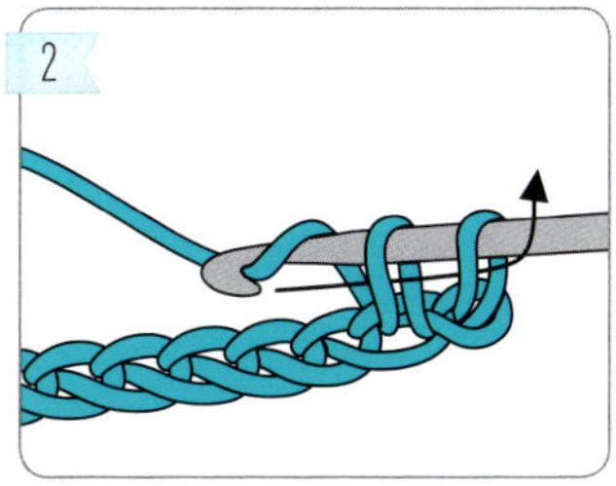

... und durchziehen. Den Faden erneut um die Nadel legen und durch beide Schlingen ziehen.

2 feste Maschen zusammen abmaschen

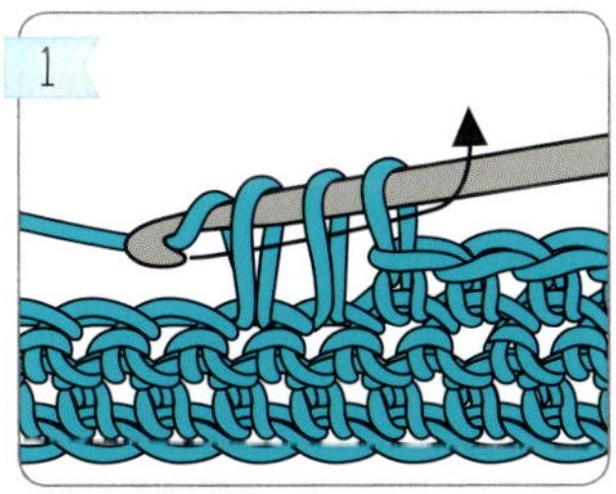

Die 1. feste Masche wie gewohnt beginnen: In die Masche einstechen, Faden durchholen. Es liegen 2 Schlingen auf der Nadel. Diese jedoch nicht wie gewohnt abmaschen, sondern in die nächste Einstichstelle einstechen.

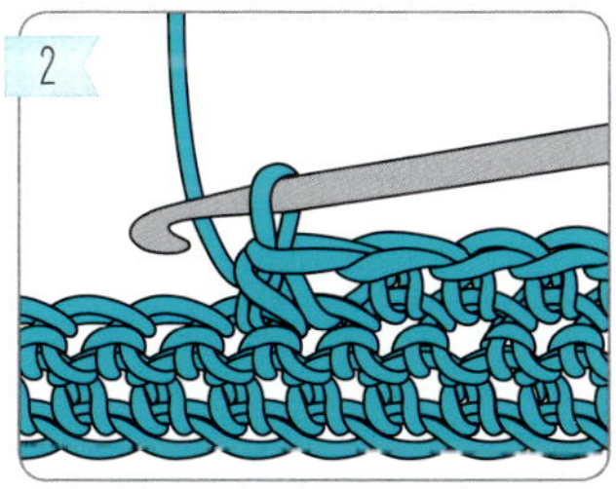

Faden durchholen. Es liegen nun 3 Schlingen auf der Nadel. Faden durch alle 3 Schlingen ziehen, d. h. beide festen Maschen zusammen abmaschen.

In Spiralrunden häkeln

Fast alle Teile in diesem Buch werden in Spiralrunden gehäkelt. Dazu die Runden nicht mit einer Kettmasche schließen, sondern immer direkt in die 1. Masche der Vorrunde einstechen. Den Anfang jeder Runde mit einem kontrastfarbigen Faden oder mit einem Maschenmarkierer kennzeichnen.
Bei der Fertigstellung eines Häkelstücks wird die letzte Runde mit einer Kettmasche verschlossen und das Fadenende unsichtbar vernäht – dies wird nicht in jeder Anleitung explizit erwähnt.

Zunehmen und Abnehmen

Um 1 Masche zu verdoppeln, also zuzunehmen, werden 2 Maschen in 1 Masche der der Vorrunde/-reihe gearbeitet. Um 1 Masche abzunehmen, wird die angegebene Masche mit der folgenden Masche zusammen abgemascht. (Beispiel: Soll jede 3. Masche einer Runde abgenommen werden, wird jede 3. und 4. Masche der Runde zusammen abgemascht.) Die Abnahmen gehen nicht immer exakt am Rundenende auf: Ist die angegebene Maschenzahl abgenommen, wird die Runde einfach ohne weitere Abnahmen zu Ende gehäkelt.

Feste Masche ins hintere Maschenglied

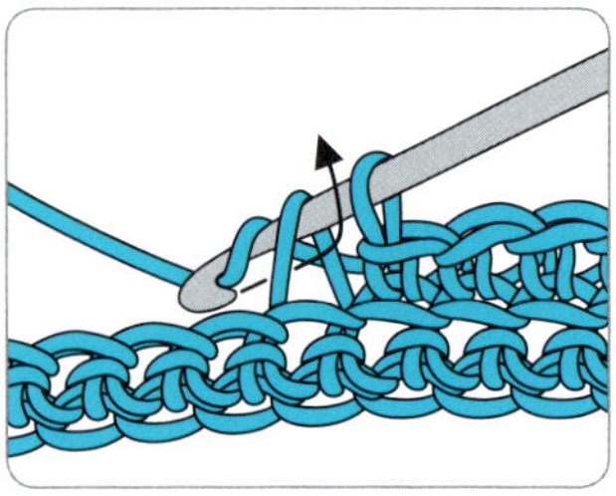

Beim Einstechen in die Masche der Vorreihe/-runde darauf achten, dass stets nur das hintere Maschenglied erfasst wird. Dann wie bei allen festen Maschen den Faden erneut um die Nadel legen und durch beide Schlingen ziehen.

Halbes Stäbchen

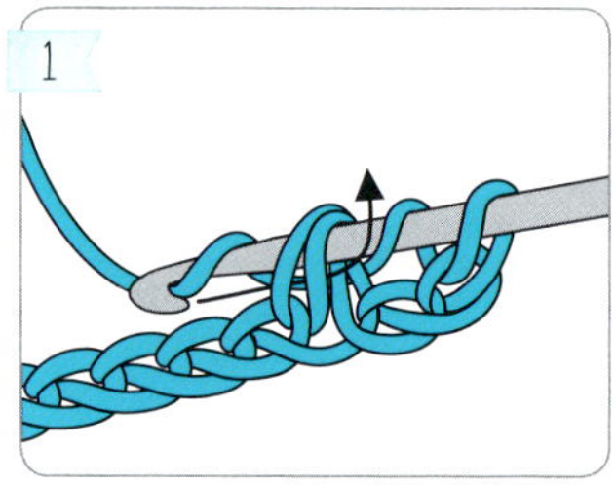

1 Umschlag um die Nadel legen, in die vorgesehene Masche einstechen. Den Faden holen und durchziehen. Es liegen nun 3 Schlingen auf der Nadel.

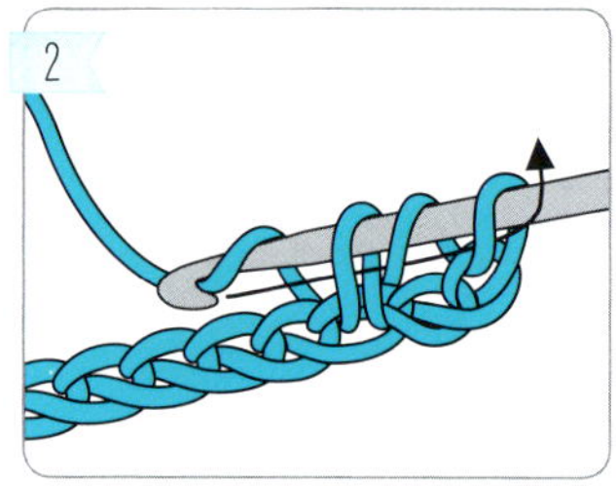

Den Faden nochmals holen und durch alle 3 Schlingen ziehen.

Stäbchen

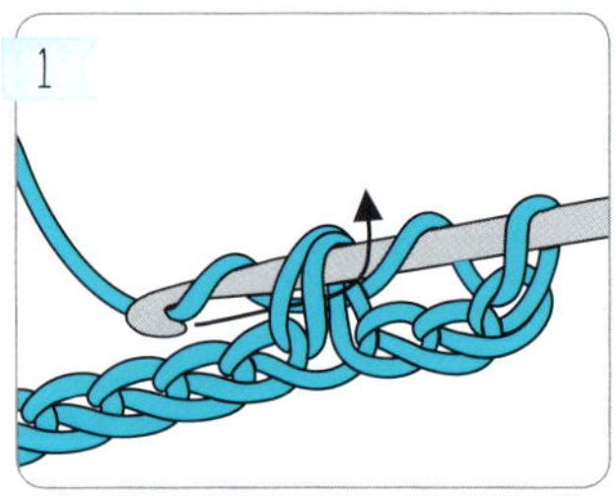

1 Umschlag um die Nadel legen und in die vorgesehene Masche einstechen. Den Faden holen und durchziehen. Es liegen nun 3 Schlingen auf der Nadel.

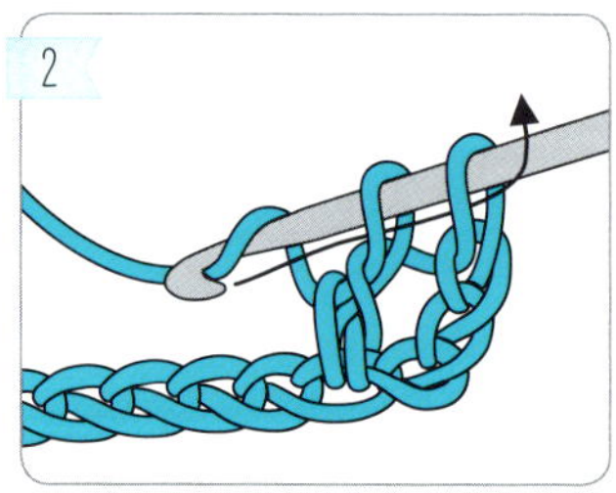

Den Faden erneut holen und durch 2 Schlingen auf der Nadel ziehen. Es liegen nun 2 Schlingen auf der Nadel.

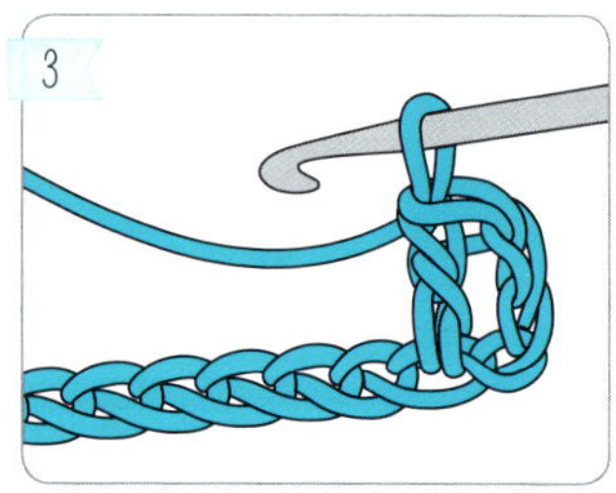

Den Faden nochmals holen und durch die restlichen 2 Schlingen ziehen.

Feste Masche ins vordere Maschenglied

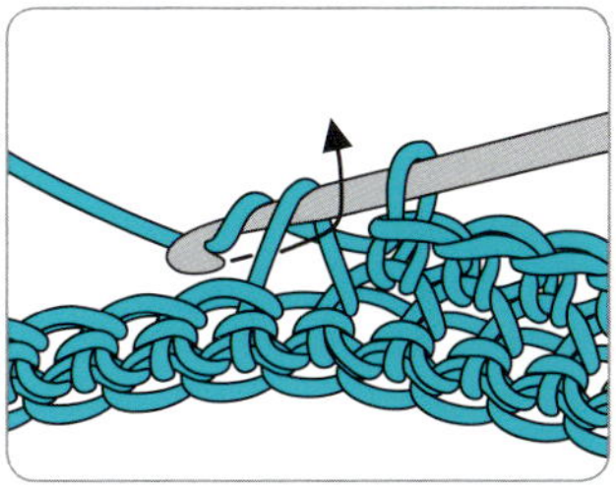

Beim Einstechen in die Masche der Vorreihe/-runde darauf achten, dass stets nur das vordere Maschenglied erfasst wird. Dann wie bei allen festen Maschen den Faden erneut um die Nadel legen und durch beide Schlingen ziehen.

Reliefstäbchen von vorn

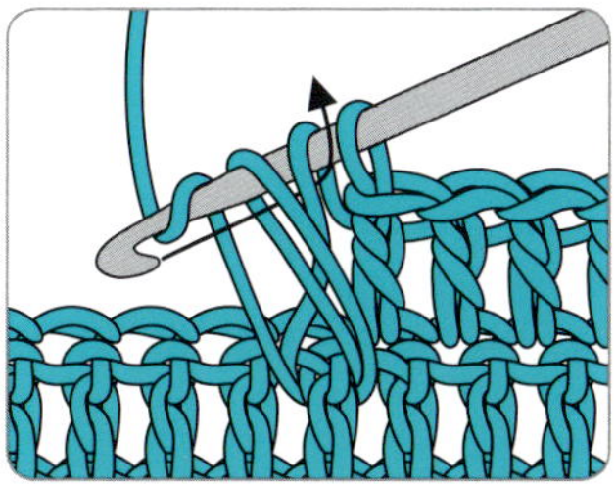

1 Umschlag um die Nadel legen, von vorn nach hinten um das Stäbchen der Vorreihe stechen und vorn wieder ausstechen. Den Faden holen und durchziehen. Noch 2-mal den Faden holen und durch je 2 Schlingen ziehen. Feste Maschen und halbe Stäbchen als Reliefmaschen werden auf die gleiche Weise von vorn um die Masche der Vorreihe/-runde gearbeitet.

Reliefstäbchen von hinten

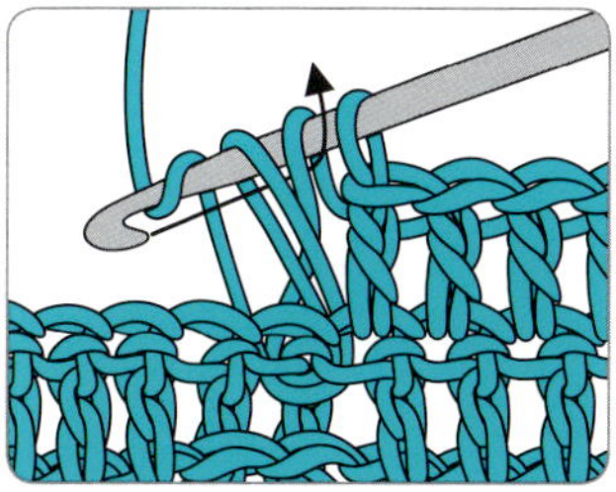

1 Umschlag um die Nadel legen, von hinten nach vorn um das Stäbchen der Vorreihe stechen und hinten wieder ausstechen. Den Faden holen und durchziehen. Noch 2-mal den Faden holen und durch je 2 Schlingen ziehen. Feste Maschen und halbe Stäbchen als Reliefmaschen werden auf die gleiche Weise von hinten um die Masche der Vorreihe/-runde gearbeitet.

Büschelmasche

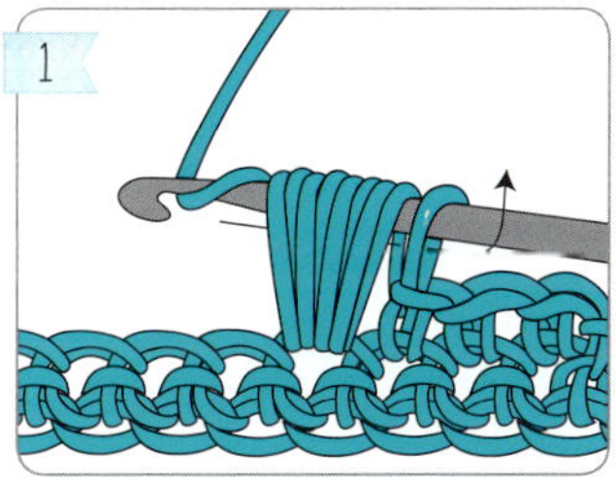

1 Umschlag um die Nadel legen, einstechen, den Faden holen und durchziehen. Die Schlinge lang ziehen. * 1 weiteren Umschlag um die Nadel legen, 1 weitere Schlinge holen und lang ziehen. Ab * so oft wie gewünscht wiederholen.

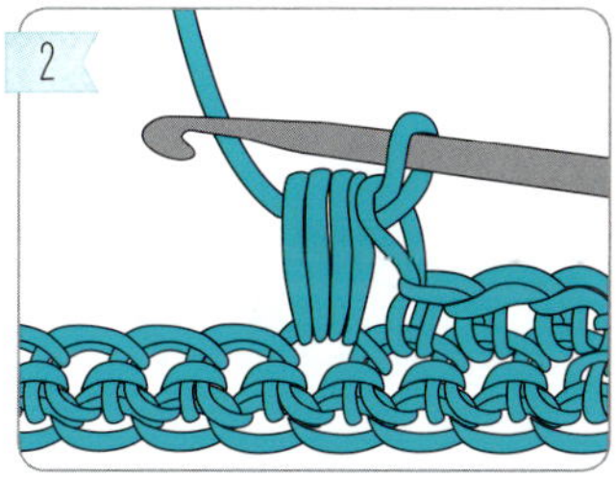

Den Faden nochmals holen, durch alle Schlingen auf der Nadel ziehen und die Büschelmasche mit 1 Luftmasche fixieren.

Arbeit beenden

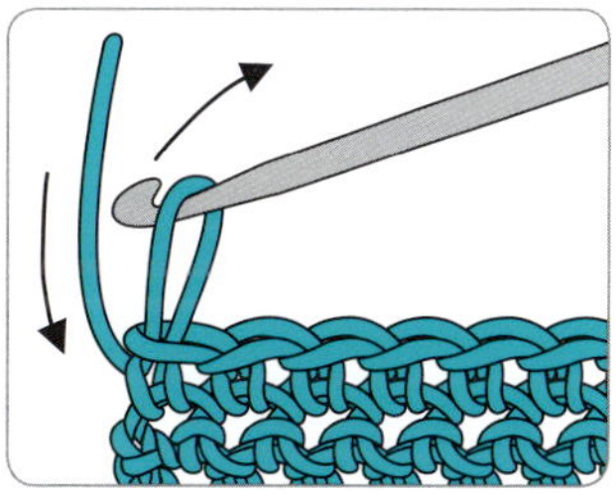

Den Faden nicht zu kurz abschneiden. Den Faden durch die letzte Masche ziehen und fest anziehen. Dadurch bildet sich der Abschlussknoten.

ÜBER DIE AUTORIN

SUSAN GAST IST 34 JAHRE ALT, VERHEIRATET, MAMA UND STIEFMAMA VON VIER KINDERN, ERGOTHERAPEUTIN UND HÄKELDESIGNERIN. 2013 MACHTE SIE IHR HOBBY ZUM BERUF UND SCHREIBT SEITDEM HAUPTBERUFLICH HÄKELANLEITUNGEN. ALS „MASCHENEULE" BETREIBT SIE EINE ERFOLGREICHE FACEBOOK-HAND-ARBEITSSEITE UND AUF INSTAGRAM KANN IHRE COMMUNITY DER VOLLZEIT-HÄKEL-MAMA TÄGLICH ÜBER DIE SCHULTER SCHAUEN.

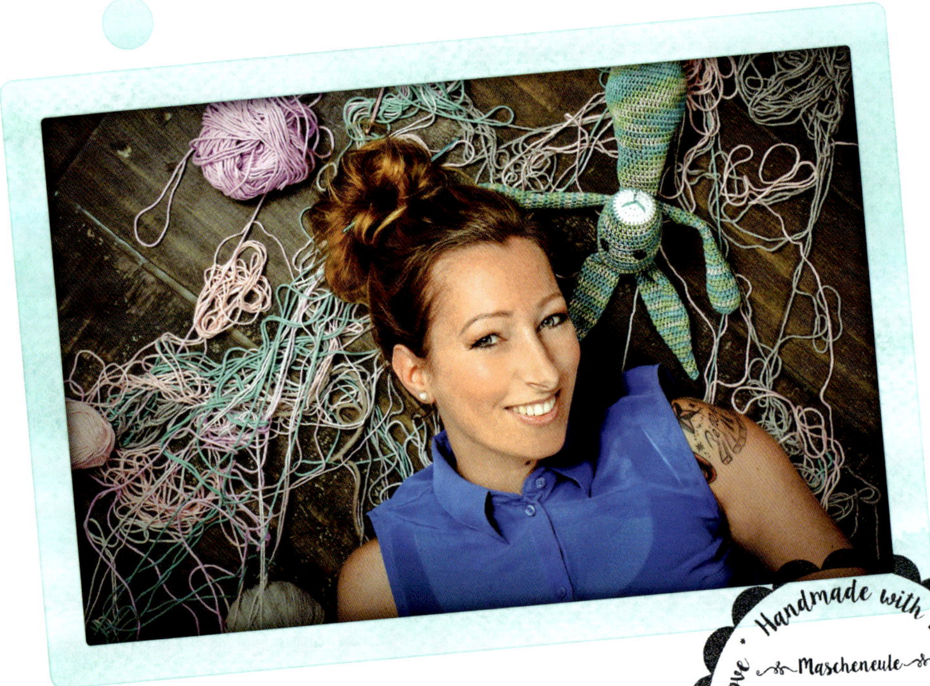

DANKE

MEIN BESONDERER DANK GILT DEM TEAM DES CHRISTOPHORUS VERLAGS, DAS MIR UND MEINEN IDEEN SO VIEL VERTRAUEN SCHENKT. DANKE AUCH AN MEINE LIEBE ANSPRECHPARTNERIN SARAH THERESA STÖHR FÜR DIE WUNDERBARE ZUSAMMENARBEIT UND DIE TOLLE UMSETZUNG MEINES HERZENS-PROJEKTES! DANKE AN MEINE TOLLE LEKTORIN REGINA SIDABRAS FÜR DAS FLEISSIGE LESEN, ZÄHLEN UND NACHRECHNEN.

DANKE, MEINE LIEBE ANNE UND ANNETT, FÜR EURE TOLLEN HÄKELARBEITEN UND KREATIVE UNTERSTÜTZUNG IN JEDER LEBENSLAGE.

VIELEN DANK AN DIE SPONSOREN HOBBII.DE UND LANA GROSSA FÜR DIE BEREITSTELLUNG DER VIELEN BUNTEN MATERIALIEN. ES HAT UNGLAUBLICH VIEL SPASS GEMACHT!

DANKE, MEIN LIEBER SCHATZ ROBERT, DAFÜR, DASS DU IMMER HINTER MIR STEHST UND MICH UNTERSTÜTZT. DU BIST MEIN ANKER. DANKE FÜR UNSER WUNDERSCHÖNES, LAUTES, LEBENDIGES, BUNTES, WARMES ZUHAUSE. DANKE FÜR UNSERE WUNDERBAREN KINDER – NELLY, FYNN, PÉPE UND PIUS – ICH KÖNNTE NICHT STOLZER AUF EUCH SEIN. ICH LIEBE EUCH.

Impressum

Autorin: Susan Gast
Fotos: Wladislaw Hofmann
Arbeitsfotos: Susan Gast
Autorenfoto: Steffi Manthey Fotografie, Döbeln
Produktmanagment und Redaktion:
Sarah Theresa Stöhr
Lektorat: Regina Sidabras
Gesamtgestaltung, Illustration und Satz:
GrafikwerkFreiburg
Repro: RTK & SRS mediagroup GmbH
Printed in Slovenia by Florjancic

★ ★ ★ ★ ★

Sind Sie mit diesem Titel zufrieden? Dann würden wir uns über Ihre Weiterempfehlung freuen. Erzählen Sie es im Freundeskreis, berichten Sie Ihrem Buchhändler oder bewerten Sie bei Onlinekauf. Und wenn Sie Kritik, Korrekturen, Aktualisierungen haben, freuen wir uns über Ihre Nachricht an Christian Verlag, Postfach 40 02 09, D-80702 München oder per E-Mail an lektorat@verlagshaus.de.

Unser komplettes Programm finden Sie unter

www.christophorus-verlag.de

Herstellerverzeichnis:

- Buttinette
  www.buttinette.de
- Hobbii
  www.hobbii.de
- LANA GROSSA
  www.lanagrossa.de
- Schachenmayr
  www.schachenmayr.com/de

Die Deutsche Nationalbibliothek verzeichnet diese Publikation in der Deutschen Nationalbibliografie; detaillierte bibliografische Daten sind im Internet über http://dnb.d-nb.de abrufbar.

5. Auflage 2022

ISBN 978-3-8410-6491-2

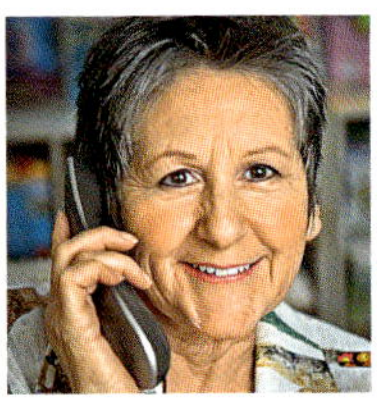

Kreativ-Service

Sie haben Fragen zu den Büchern und Materialien? Frau Erika Noll ist für Sie da und berät Sie rund um alle Kreativthemen. Rufen Sie an! Wir interessieren uns auch für Ihre eigenen Ideen und Anregungen. Sie erreichen Frau Noll per E-Mail: **mail@kreativ-service.info** oder Tel.: **+49 (0) 5052 / 91 18 58**

Besuchen Sie uns im Internet: www.christophorus-verlag.de